中国地方税体系改革研究

——基于“营改增”的背景

刘济勇　著

上海交通大学出版社
SHANGHAI JIAO TONG UNIVERSITY PRESS

内容提要

本书分为6章，分别为：地方税体系理论分析，我国地方税体系的历史演进与现状分析，地方税体系建设的国际借鉴，我国地方税体系建设的构想，新型地方税体系的经济效应分析与政策评估，完善我国地方税体系的配套措施。

本书力求兼顾学术性和通俗易懂，对于相关领域的研究专家、高校教师和学生、对地方税改革感兴趣的读者等均有参考价值。

图书在版编目（CIP）数据

中国地方税体系改革研究：基于“营改增”的背景/刘济勇著. -- 上海：上海交通大学出版社，2018

ISBN 978-7-313-19036-9

Ⅰ.①中… Ⅱ.①刘… Ⅲ.①地方税收-税制改革-研究-中国 Ⅳ.①F812.422

中国版本图书馆CIP数据核字(2018)第068761号

中国地方税体系改革研究——基于“营改增”的背景

著　　者：刘济勇
出版发行：上海交通大学出版社　　地　　址：上海市番禺路951号
邮政编码：200030　　电　　话：021-64071208
出 版 人：谈　毅
印　　制：三河市华晨印务有限公司　　经　　销：全国新华书店
开　　本：710×1000mm　1/16　　印　　张：11.75
字　　数：212千字
版　　次：2018年4月第1版　　印　　次：2018年4月第1次印刷
书　　号：ISBN 978-7-313-19036-9/F
定　　价：42.00元

前言

税收政策的制定决定于一系列的经济、政治和社会因素，并且要不断适应和反映经济、政治和社会环境的变化。21世纪的今天，全球化和数字化的发展使得各国之间的联系更为紧密，产品市场、要素市场面临的竞争越来越激烈。与此同时，人口老龄化与生态环境的恶化日益成为世界各国不得不关注的问题。技术创新、全球贸易以及跨国界的资本流动，使得中国经济社会发展面临越来越严峻的挑战。而持续、稳定的经济增长与社会发展依赖于有活力的宏观经济政策与金融体系的建立，政府财政与税收体制的效能将成为直接决定一国经济与社会发展的关键性因素。

新中国成立以来，我国税收体制经过不断修改和完善，为社会主义建设积累了大量资金，为实现国富民强和经济腾飞做出了巨大贡献。随着经济和社会的不断发展，地方财政收入与地方财政支出之间的资金缺口不断拉大，同时也加深了地方财政对中央财政的依赖。地方财政的这种收支格局对促进我国地方社会经济的稳定发展，产生了极其不利的影响。

首先，我国现行地方税收筹资功能有限，过弱的地方税收筹资功能，使得地方政府严重依赖与土地有关的收入等各种非税收入来筹集地方财政收入，导致“土地财政”以及各类税外收费泛滥，不仅加重了企业和纳税人负担，还扭曲了资源的配置，加剧了社会不公。同时，为解决地方财政资金不足，地方政府大规模举债，形成严重的地方债问题。快速发展的地方融资平台与现有财税体制存在许多不匹配、不相容的地方，在一定程度上也扰乱了财政秩序，给财政管理带来风险。

其次，地方财政收入能力与财政支出责任之间的不协调，严重阻碍了地方政府基本公共服务供给能力的发展，使地方政府在地方公共产品和公共服务供给重要职能的发挥中受到严重抑制和影响，而这也正是长期以来致使地方政府广受批评的主要原因之一。

然而，地方税体系作为一个整体事项，在相当长一段时期内却未受到应有的重视。尽管“十一五”规划纲要和党的十七大报告指出，要做到“财力与事权的匹配”，但一直到“十二五”规划纲要明确提出应“逐步健全地方税体系，赋予省级政府适当税政管理权限”，才首次从政治高度将重视地方税体系建设纳入到改革的议事日程。自此，我国的地方税体系开始有了逐渐清晰明朗的改革方向和发展目标。

此后，党的十八大报告进一步提出，要“加快改革财税体制，健全中央和地方财力与事权相匹配的体制……构建地方税体系，形成有利于结构优化、社会公平的税收制度”。这是首次在党的报告中提出构建地方税体系的明确要求，给予了地方税体系建设以原则性的指导。在此背景下，对地方税体系的相关理论进行梳理，并考察和总结国际地方税体系建设的经验，构建适合我国国情的地方税体系，不仅具有极高的理论价值，也具有极其深刻的现实意义。

随着自 2012 年 1 月 1 日开始的营业税改征增值税（简称“营改增”或“增值税扩围”）的试点全面推进和铺开，1994 年税制改革以来所确立的以营业税为地方主体税种的税制结构开始受到明显冲击，尤其在 2016 年“营改增”全部完成后，地方财政收支的失衡将更加凸显。这使得寻找新的主体税种建立合理的地方税体系，使地方财政拥有稳定可靠的资金来源以获得相对确定的公共商品的提供能力，成为一种紧迫的现实需要。牵一发而动全身，在“营改增”背景下，我国地方税体系固有的问题越来越凸显，“营改增”所涉及的不仅仅是营业税和增值税这两个具体税种，而是涉及整个税制结构的完善和优化，尤其是涉及地方税体系重构的重大问题。

基于此，本书在系统梳理、整合近年地方税制改革研究成果的基础上，结合当前新形势和新思考，对我国地方税体系存在的问题与制度构建进行了较为深入的探讨，并提出了框架式的解决思路，以期为我国地方税制改革的深化和地方税体系构建提供一定的决策参考和政策启示。

本书力图解决以下几个方面的问题：什么是地方税和地方税体系；地方税在整个税制体系中的地位与作用是什么；我国的地方税体系现状如何，存在哪些主要问题，“营改增”对我国地方财力带来怎样的冲击；如何完善和健全我国的地方税体系，尤其最核心和最关键的是地方税主体税种如何构建的问题。本书将在十八大和十八届三中全会精神的基础上，结合国际经验，立足我国实际，对我国地方税主体税种的选择以及地方税体系的构建进行较为深入的分析和探讨。

本书除导论外，共分为六章。主要内容和结构如下：

导论部分阐明了选题的背景与意义，指出了本书的研究思路与方法、可能的创新点以及存在的不足之处，并对本研究所涉及的文献资料进行了回顾和综述。

第一章对地方税体系的相关理论进行了梳理，界定了地方税和地方税体系的概念和内涵，介绍了影响地方税体系建立的主要因素以及地方税体系建设的基本原则。

第二章回顾了我国地方税制形成与发展的历史以及制度变迁，对分税制以来我国财政体制存在的问题进行了梳理和分析，指出了分税制改革对我国地方税体系建设的意义，并在此基础上，对我国地方税体系的现状进行了分析，评估了我国地方税体系的运行情况，测算了“营改增”对我国地方税体系的影响效应，并对我国地方税体系存在的问题和原因进行了分析与探讨。

第三章介绍了世界上不同类型国家地方税体系，通过比较分析各国地方税体系的特点，总结、归纳了不同类型国家地方税体系的共性和差异，为我国地方税体系的构建和完善提供了有益的借鉴和启示。

第四章在前文分析的基础上，提出了我国地方税体系改革的总体思路及地方税体系税制构建的总体框架，探讨了在“营改增”大背景下，我国地方税主体税种的几种可能方案，并对地方税主体税种及辅助税种的搭配进行了较深入的分析。

第五章在前文分析的基础上，对我国改革后的新型地方税体系进行了实证分析，重点分析了零售税和房地产税开征对我国地方财政收入的影响效应，并对新型地方税体系对地方政府财力的变化和经济发展影响进行了评估。

第六章分别从依法治税、税权配置、事权划分、转移支付、税收征管等方面探讨了进一步改革与完善我国地方税体系的有关措施，并提出了相应的政策建议。

在研究方法上，本书运用多种不同的方法，在地方税基本理论和形成机理的基础上，借鉴国际经验，立足我国国情，对我国地方税体系的改革进行了较全面和深入的分析与探讨。

本书尝试在以下几方面进行创新：

1.研究视角的创新

“营改增”税制改革所涉及的不仅仅是营业税和增值税这两个具体税种，而是涉及我国整个税制结构体系的重构、完善和优化，尤其是涉及地方税体系构建的重大问题。因此，全文紧紧围绕“营改增”背景下我国地方税体系面临的问题与挑战以及我国地方税主体税种构建这一重大命题，从系统和全局的视角探讨和评估了构建以零售税、新型消费税、房地产税为主体税种，以资源税、环境保护税、城市维护建设税等为辅助税种的新型地方税体系的可行性。

2.研究方法的创新

本书使用了不同的量化分析工具与方法对“营改增”后新型地方税改革方案对我国地方财政和经济方面的影响进行了实证研究。

（1）使用投入产出法对“营改增”税制改革对我国地方税体系的影响与冲击

进行了测算分析。结果表明，增值税扩围改革最终会对我国地方财力带来一定的损害，而且也会改变营业税在地方财政收入中占主体地位的局面，从而极大影响地方财政利益。因此，构建和完善我国的地方税体系，有效降低“营改增”对我国地方税收的冲击和影响，就成为一种必然的路径选择。

（2）运用CGE模型对零售税开征的政策效应进行了模拟研究，并评估了对地方财力的影响。测算结果显示，税制改革能够有效拉动经济增长，促进产业结构优化和调整，零售税的开征和合理设定能够确保地方政府有足够的、可预期的收入，满足地方政府财政支出要求，担当起地方税主体税种的重任。

（3）运用模拟评税方法对我国房地产税开征的政策效应进行了模拟测算与研究。测算结果显示，新型房地产税的开征可以在保持原有税负水平基本不变的基础上，实现从交易流转环节课税为主向保有环节课税为主转变的政策目标，同时在税收收入上保证了房地产税作为地方主体税种的地位，并发挥了对经济的重要调控作用。

本书的主要结论有：

（1）地方税体系的建设对完善税制改革至关重要，地方税体系的构建是一个动态和发展的系统工程，应该站在战略的高度以宏观的视野通盘考虑和综合设计。

（2）“营改增”对我国地方财力有较大冲击和影响，寻找新的地方税主体税种并构建合理的地方税体系已经成为当务之急。当前可行的替代方案为将零售环节增值税改造成为零售销售税；房地产税尽管不具备作为近期地方税主体税种的条件，但远期是成为地方税主体税种的必然选择。

（3）要明确中央与地方的事权划分，大力推进依法治税，加快税收立法，赋予省级政府适当税收立法权，建立规范的财政转移支付制度，并构建与地方税体系相适应的征管机制。

目 录
CONTENTS

导　论

一、选题的背景与意义

（一）选题背景

理论和实践都不难证明，一个国家一般需要存在多级政府。从管理的角度来看，由于地方政府比中央政府更加接近民众，在了解地方的社会状况和民众需求方面，具有更大的信息优势。因此，较之中央政府统揽一切，地方政府一旦具有足够财力保证经济和社会管理能力，就可以为民众及时提供更优质的公共产品和服务，满足民众需求。

新中国建立以来，与世界上绝大多数国家相比，我国地方政府在提供基本公共服务方面发挥着更为重要的作用：地方政府承担着为全国居民提供70%以上基础教育、65%以上医疗卫生和100%社会保障的公共服务责任。[1]随着社会的不断发展以及经济的高速增长，地方财政支出规模呈现出持续扩张的势头，2014年中国地方财政支出达12.92万亿元，占全国一般公共财政支出的85%，是中央财政支出的5.7倍。[2]与此同时，地方财政收入只有7.59万亿元，占全国财政收入的比重只有54%，且增长缓慢，近10年间增长幅度只有约8%。[3]这使得地方财政收入与地方财政支出之间的资金缺口不断拉大，同时也加大了地方财政对中央财政的依赖。

地方财政收入能力与财政支出责任之间的不协调，严重阻碍了地方政府自我协调能力、基本公共服务供给能力的发展，使地方政府在地方公共产品和公共服务供给方面重要职能的发挥受到严重抑制和影响，而这也正是长期以来致使地方政府广受批评的主要原因之一。

---

❶ 据国家统计局网站数据测算。

❷ 同上。

❸ 同上。

众所周知，地方税作为公共财政体制的重要组成部分，在我国社会主义市场经济的建立、发展和完善过程中，一直扮演着不可替代的角色。1994年实施分税制财政体制改革以来，经过二十多年的探索实践与发展完善，我国初步形成了一套包括税收收入体系、税权管理体系、税收制度体系、税收征管体系等构成要素在内的地方税框架体系，这在规范中央与地方的税收分配关系、推动区域经济社会发展、充分调动地方积极性、促进税收收入整体快速增长等方面都发挥了极其重要的作用。

但是，随着市场化改革的逐步深入以及国际国内形势的不断变化，现行地方税体系中的一些问题逐渐显现出来，如税收增长的不可持续、税权配置的不尽合理、主体税种比较单一、地方税制建设相对滞后、地方税征管难度大、基层财政困难且过度依赖与土地有关的税收等。1994年的分税制改革导致财权过分集中在中央政府，在地方财政收入增长缓慢的同时，与地方政府所要承担的事权相关的地方财政支出规模却并没有相应减少，甚至有扩大的趋势，这直接导致了我国分税制改革后地方政府事权与财力的不一致。地方的财权和事权不对称，地方政府不得不另辟财源，于是许多地方政府热衷于土地经营开发，搞“土地财政”。同时，中国地方政府债务近年急剧膨胀令市场担忧触发信贷泡沫甚至导致金融危机。国家审计署统计显示，截至2014年底，中国地方政府债务占GDP的比例高达32%，且过半地方政府举新债用于偿还旧债，反映偿付压力巨大。

我国经济发展的另一个日益严重和突出的问题是营业税和增值税共存所带来的重复征税，对我国经济的可持续发展和产业结构转型产生了不利影响。为减轻企业税负，提振我国经济，政府提出了结构性减税的发展战略，而落实结构性减税的重要举措之一就是营业税改征增值税的税制改革。

首先，从税制完善的角度看，货物和劳务税制中增值税与营业税两税并行，不仅破坏了增值税的抵扣链条的完整性，不符合最优税制的要求，影响了增值税作用的发挥，而且使得税制更加复杂，不符合现代税制简化的要求，不仅有损税收征管效率，也破坏了税收的公平性。增值税对经济主体“一视同仁”的对待使其具有“税收中性”（neutral taxation）的特点——由于只对商品和劳务的价值增值普遍征税，也就是对所有经济活动按统一税率普遍征税，增值税不会引起商品相对价格发生变化从而不改变纳税人的行为。增值税的这种特点，有利于构建公平竞争的市场环境。

其次，从促进我国产业发展和经济结构转型与调整的角度来看，营业税改征增值税的改革，直接关系到产业结构升级和经济发展方式的转变。目前，我国增值税的课税主要针对加工制造业，营业税的课税主要针对服务业。由于增值税有抵扣机制只对商品的增值额课税，然而营业税不存在抵扣，对服务全额课税，导致服务业承担的税负比工业要高，扭曲了资源配置，不利于促进我国服务业的良性发展。因此，目前两税并存的格局不利于我国三大产业的均衡与稳步发展。营业税重复征税的特性加大了第三产业的税负不公，导致服务业行业税负水平过重，扭曲了企业在竞争中的生产与投资决策，阻碍了产业专业化分工，不利于第三产业企业的分工细化和服务外包的发展，挤压了第三产业的生存空间。同时，适用于营业税的我国服务业，由于不能像增值税那样办理出口退税，导致出口的服务价格含税，在国际市场上缺乏价格优势，制约了我国产品和劳务的国际竞争力，限制了我国服务业向国际市场的拓展和扩张。

最后，从税收征管的实践层面来看，随着多样化经营和新的经济形式不断涌现，两套税制并行增加了政府的征税成本与纳税人的遵从成本，税务部门的税收征管实践也面临着新的难题。尤其在信息化的大环境下，商品和服务的形式越来越复杂，二者的区别与界线也愈益模糊，准确界定和划分商品和服务各自的比例也变得越来越困难，增值税与营业税两税并存条件下的混合销售行为以及兼营行为的税基难以准确区分和衡量，这给税务部门的征管工作提出了挑战。此外，由于营业税是地方税，营业税发票没有像增值税那样纳入全国防伪税控系统，对发票的违法犯罪行为管理难度较大，导致税务部门征管成本增加。

从国际经验和实践看，增值税或类似性质税种已经成为全球绝大多数国家或地区开征的一个成熟税种。

可见，无论从理论上还是从实践经验来看，我国营业税改征增值税是具备可行性的。也正因为如此，我国自 2012 年起逐步试点实施“营改增”，并已于 2016 年全面完成。

分税制财政体制下，按照目前我国税制结构的税种划分，营业税是地方税，并且是我国地方政府税收收入中的主体税种，而增值税是中央与地方共享税，并且是国税的主要税种，目前按中央 75%、地方 25% 的比例进行划分[1]。按目前的分配比例，“营改增”后营业税将有 3/4 上缴中央，地方财政收入占全国财政收入的比例将大幅下降，地方税收将受到很大影响，地方财政收入将大幅减少，收支缺口进一步扩大，地方政府面临的财政压力将会陡增。这将直接导致地方经济增长阻力增大、公共产品和公共服务的投入不足程度扩大，产业政策实施弱化，地方财政风险增加，财政风险规模扩

[1] 根据国发〔2016〕26 号文件《全面推开营改增试点后调整中央与地方增值税收入划分过渡方案》，中央分享增值税的 50%；地方按税收缴纳地分享增值税的 50%；中央上划收入通过税收返还方式给地方，确保地方既有财力不变。自 2016 年 5 月 1 日起执行。过渡期暂定 2—3 年，届时根据中央与地方事权和支出责任划分、地方税体系建设等改革进展情况，研究是否适当调整。

大。为弥补“营改增”后地方财政收入的下降，地方政府将会寻求预算外、制度外收入，给本不完善的地方税体系造成很大冲击。用增值税取代营业税将是继我国1994年分税制改革后又一次大规模的税制改革，必将对中央与地方之间财政体制产生影响，成为我国财税体制改革的突破口。

营业税改征增值税是我国经济发展到一定历史阶段的必然产物，也是大势所趋。目前，在增值税全面扩围的大趋势下，我国主要以营业税为主体税种，以资源税、房产税、耕地占用税和契税等零星税种为补充的地方税制结构体系受到严重挑战，地方财政的压力前所未有，现有的地方税体系难以为继。必须尽快对现有的税制体系进行改革，对我国的地方税体系进行优化和重构。

（二）研究意义

十八届三中全会将“构建中国地方税体系”这一课题聚焦于新一轮财税体制改革的聚光灯下。全会提出要按照“完善立法、明确事权、改革税制、稳定税负、透明预算、提高效率”24字原则，深化财税体制改革，完善地方税体系和税收制度，建立事权和支出责任相适应的制度。这些重大决策，为地方税体系研究提供了明确方向和重要指针。

党的十八大报告提出，要加快转变经济发展方式，而深化改革是加快转变经济发展方式的关键。税收制度、税收政策作为经济体制改革的重要措施和政策工具，在国民经济未来发展和转型的关键时期，对经济发展方式的加快转变具有至关重要的推动作用。如何通过税制改革促进经济的均衡发展，实现节能环保，调节收入分配，促进科技创新，就成为我国未来税制改革的主要方向和重点领域。

在此背景下，以地方税体系构建为核心内容，对地方税的理论基础、地方税制度的完善、地方税的国际经验、地方税的管理体制以及未来的主体税种等方面的问题进行探讨，已经成为当前一项十分紧迫的任务。

地方税体系是公共财政体制的重要组成部分，构建与完善地方税体系的重要现实意义主要表现在：

1.进一步改善地方财力

从地方财政目前的运行状况来看，地方税体系已无法满足地方财政的支出需要，使地方政府的财政风险不断累积。近年来，在中央与地方的纵向财力配置中，中央政府凭借税源丰富的中央税和共享税，在税收收入中所占比重不断增加。在地方税体系中，与中央分享的共享税比重也在不断提高，地方自有税种的筹资能力明显不足，地方税体系相对被动，难以支撑地方所承担的支出责任。

与此同时，地方财政支出占全国财政支出的比重逐步提高，地方政府承担着越来越多的支出责任，尤其是在基础设施建设、社会保障、民生服务等方面的社会经济职能和责任在不断扩大。但地方财政支出占全国财政支出的比重与地方财政收入占全国财政收入的比重之差不断拉大，地方自有财力与其承担的支出责任之间不匹配问题日渐突出，地方自有财力不足，需要依靠中央财政的税收返还和转移支付。

完善我国的地方税体系有助于提高地方政府的财力以应对不断增长的支出责任。

2. 转变地方政府职能

地方财政职能的不规范、地方财政困难的实际存在、地方各级政府提供基本公共服务能力有限等问题的出现，都与地方财政收支不匹配，尤其是与存在着尚不成熟的地方税体系密切相关。

目前，在我国广泛存在着地方财政倾向于投资活动的现象，这与地方财力依赖于经济增长的财源结构密不可分。地方财政困难、提供基本公共服务能力不足，也与地方税制筹资功能不足密切相关。地方财政缺乏健康的投融资体制更使地方财政风险不断累积。

在目前我国的地方财政体制下，集中反映支出责任与地方财力不匹配的众多事项中，对基础设施建设的投资就是其中关键的一环，由于目前的财政体制并未给予财政投资较多的资金配置，因此，地方政府较多地依赖于地方投融资平台。

不断完善的地方税体系可有效改善地方政府的行为模式。地方税体系的构建和完善，有助于解决困扰地方财政的投融资问题，有助于构建稳健的地方财政，化解地方财政风险。研究和推广房产税、资源税等税收制度改革，确保地方财政有稳定可靠的税源，可使地方政府摆脱对“土地财政”的依赖，矫正地方财政的扭曲行为。

3. 规范政府间财政关系

构建和完善地方税体系有利于规范政府间财政关系，促进财力与事权相匹配。

由于事权规定过于笼统，中央和地方以及不同级别政府之间的权责关系不明确，导致相互推卸责任的状况，影响财政体制的效率。进一步完善和重构地方税体系能够使地方政府获得相对独立的、能基本维持本级政府职能需要的税收收入，以满足不断增长的地方财政支出要求。

完善的地方税体系有利于按照财权、财力与事权相匹配的原则，确定中央和地方财政关系，围绕推进基本公共服务均等化和主体功能区建设，健全中央和地方财力与事权相匹配的体制，促进区域协调发展。

4. 深化分税制改革

分税制的内在要求是在合理划分支出责任的基础上，通过税种的划分形成中央和地方两级税收体系。但是，由于我国的分税制财政体制在支出责任、财力和税权的划分上，中央和地方之间尚未构建起长期、稳定的博弈规则，使中国的纵向财政失衡问题较为严重，集权化的财力划分格局与分权化的支出模式使政府间转移支付面临巨大压力。由此，如何在中国这样一个幅员辽阔、地区差异显著、政府级次众多的发展中国家进行地方税体系建设，具有现实的迫切性。

然而，地方税体系的构建与完善虽然在1994年的分税制改革中被列为改革事项，但由于各种原因被搁置至今，地方税体系的改革在后来的分税制运行中也未得到足够的重视，无法形成稳健的地方财政运行架构，分税制关于"一级政府、一级财政"的目标更是无法真正实现。尤其是在"营改增"不断推开的情况下，只有通过地方税体系的重构，才能使地方财政体制得到进一步的完善。

5.加快经济发展方式的转变

税制改革在加强自身的改革、调整和完善的过程中，也应立足于市场经济不断成熟的体制要求，服务于体制转型、发展方式转变，实现社会公平、节能环保等政策目标。税收除了具有筹资功能之外，还具有重要的调节收入分配、调控经济运行的功能。地方税体系作为整体税制的组成部分，也同样具有这些功能。比如，房产税在调节收入分配、改善地方政府的行为模式、促进税制的结构优化等方面具有重要的作用；资源税有助于鼓励节能环保，转变政府、企业和个人的行为模式。

完善我国的地方税体系，不仅能够进一步理顺财政体制，建设与壮大地方财源，同时，也可以有效发挥税收对地方经济的调控作用，促进地方经济持续、稳定和健康发展。此外，通过地方税体系的进一步改革和完善，推进基本公共服务均等化，有利于健全我国中央和地方财权与事权相匹配的财税体制，促进区域间经济协调发展。

二、文献综述

国内外学者和专家对地方税体系的研究与探讨，为我国地方税体系的建设与完善提供了系统的理论基础，与地方税有关的研究主要包括以下几个方面：

（一）关于财政分权和分税制的研究

地方税源于财政分权或分税制财政体制。

在财政分权体制下中央与地方关系方面，Seok-Kyun Hur（2003）探讨了韩国政府间税基的分配问题，指出财政分权的主要目标是通过自治和问责机制提高资源分配的效率，韩国当前的地方财政体制的特点是中央税收收入的比例过高和地方财政转移支付规模过大，导致巨大的地区差异以及地方政府对中央政府的较大依赖。因此，应该将财权下放以减轻地区不平等。Breuss和Eller（2004）建议政府的分权决策主要应在实现规模经济、内在化外部性和考虑地方偏好主要因素之间进行权衡，但同时也要考虑其他方面的因素。将政治因素及地理和人口条件引入分析，推动了传统财政分权理论的发展，并且在很大程度上可以用来解释实际分权模式为什么千差万别并且与规范的建议有出入。Era Dabla-Norris（2006）则研究了转型国家的财政分权，指出财政分权的制度环境，包括经济发展的总体水平、持续的经济与政治改革、地方政府既有的技术与管理能力、地理、人口与其他因素，决定政府财政体制的设计，并最终影响财政分权改革进程的结果。总体上，最小化逆向激励与促进透明度、可预测性、责任感的制度改革对有效的分权体制至关重要。Paolo Liberati（2011）对财政联邦主义下的分税制进行了探讨，认为地方受益税的非适当性使得分税制理论在传统的财政联邦制框架下失灵，并同时指出财政联邦主义理论所强调的政治家的处理不当会导致地方税体系制度设计方面的失误。

我国学者对财政分权和分税制也有较深入的探讨。

张晏等（2005）认为，分税制改革后各级政府之间政策协调能力的加强是促进财政分权积极作用的重要原因之一。同时，体制变革的因素、转移支付的设计和政府财政支出的构成也影响了财政分权与经济增长之间的关系。杨斌（2006）认为我国应建立具有中国特色的非对称型分税制，即中央税占全部税收总额的大部分，地方支出占全部财政支出大多数。这样的分税制既能保证中央有较强的宏观控制能力，又能充分调动地方积极性。温娇秀（2010）则从分税制与我国财政分权体制下经济增长效应的跨区差异角度进行了研究，发现 1994 年分税制改革后，我国财政分权总体上扩大了地区差距。而分税制改革所导致的基于不同地区产业结构以及所有制结构的差异所导致的不同地区间地方政府行为的差异，造成了我国财政分权体制下经济增长效应跨区的差异与地区差距的扩大。刘洪铎（2011）利用实证分析研究了财政分权是否导致我国地方政府财政赤字规模膨胀的问题。结果显示，我国财政分权对地方政府财政赤字规模的膨胀具有非常显著的影响。刘尚希（2012）肯定了 1994 年分税制改革对我国经济改革与市场经济建设的作用与意义，但反对用财政联邦主义的视角看待我国的分税制，认为我国当前分税制财政体制存在的弊端主要表现在：中央权力过大，地方权力过小；省以下财政体制不健全；转移支付体制不健全等问题。孙秀林和周飞舟（2013）利用实证模型检验和研究了土地财政与分税制两者之间的密切关系，认为分税制财政体制是形成土地财政的根本原因，要解决土地财政，必须对现有的分税制进行改革。田红宇、严宏、祝志勇（2015）使用空间计量的方法利用面板数据分析和检验了我国财政分权和地方政府规模之间的内在关系。研究发现，我国财政分权和地方政府规模均表现出较强的空间集聚效应，并有不断增强的趋势，同质政府财政竞争激烈且重点在支出一端，控制空间效应后，财政分权对地方政府总规模具有显著的抑制效应。为此，应在财政分权体制下，有效控制地方政府规模无序和无限扩张。方文全（2012）则对中国与OECD国家的财政分权模式进行了比较分析，发现中国中央与地方政府的财政分权程度远远高于发达国家，中国的财政支出分权程度促进经济增长和财政均等化，结构偏向的经济性支出推动了地方政府财政支出和地区经济增长，不断扩张的预算外支出成为增加政府财政收入的重要途径。政府公共职责边界不清晰以及政府预算软约束制度环境下的地方政府收支扩张是我国中央和地方政府“事权与财权匹配”问题的实质。因此，我国财政分权未来的改革方向应该是在进一步明确和规范地方政府公共职责以及预算约束的硬化基础上的适度财政集权化。

（二）关于地方税体系的理论研究

对于地方税体系的构建，学者们基于不同的出发点和侧重点，也有不同的看法。

许建国（1993）基于我国特殊的国情和税收体制的现状，建议在地方税体系的重构方面，应适当扩大地方政府税收管理权限，提高地方税收比重，同时强化中央的宏观调控职能，兼顾中央和地方利益，实现共赢。高世星和靳东升（2002）认为，我国地方税制存在的主要问题是税权划分不清、主体税种不明确、税种老化、内外税制不统一。他们通过对国外一些国家地方税的税制结构、税权和税收比重的分析，结合我国国情，提出了税收合理分权、设立11个地方税种、培养主体税种以及统一征管机构、完善征管手段的设想。Kai-yuen Tsui（2005）从政府间转移支付与地方财政差异方面研究了中国县级财政的差异，同时设立了一个连贯的框架来评估分税制实施后地方税体系和转移支付体制对地区间财政差异的影响。研究发现，1994年的分税制改革并没有明显缩小地区间财政差异，与非农业部门密切相关的税收是引起财政收入差异的主要原因，由于农业部门的不景气，使得欠发达地区的农业税减少，这进一步加剧了地区财政差异。这种税制安排导致税收空间分布的扭曲，加剧了地方税体系所引发的地区财政差异。在转移支付方面，研究发现，总体上中国的政府间转移支付没有实现自2000年以来的财政均等化目标。2000年以来取代预算外收入的费改税改革削弱了很大程度上依靠预算外收入支撑的地方基础教育等公共服务。而且，中国目前的五级政府架构体制下，转移支付资金在从高一级政府向下一级政府划拨的过程中存在扭曲和稀释，当前的五级政府架构降低了财政转移支付资金向县级政府转移的有效性。为此，作者建议，应该引入基于地方需求的教育和医疗保健转移支付，同时压缩当前的政府层级，提高地方财政体制的有效性以实现财政均等化的目标。周国川（2004）认为，构建和完善公共财政框架下的地方税体系，必须以弥补“市场缺陷”为标准，以为市场提供公共服务、满足公共需要为目标。要在科学划分税种的基础上，合理确定地方税主体税种，使地方税收入保持适当的规模，同时要赋予地方更多的税收管理权限，特别是税收立法权。米建国和庞凤喜（2004）认为1994年的税制改革中，财产税未与主体税种一并适应我国经济社会的发展，阻碍了整个税制的进一步完善及财产税制功能的正常发挥。完善我国地方税制，应以财产税制改革为突破口，同时在财产法律法规制度、税收管理权限及财产评估制度等方面进行相关配套改革。邓子基（2007）认为，我国地方税系目前存在的主要问题有：分税制不彻底；中央税与地方税划分标准不明晰；缺乏有影响力的地方税主体税种、税制结构不完善；财权事权不相匹配；地方税规模偏小；税权过于集中；法制不健全；税制改革滞后等。改革与完善地方税制的关键是，选择与培育地方税主体税种并辅之以合理有效的辅助税种，合理配置税权，优化地方税制结构并完善地方与中央分成的共享税，逐步健全我国的地方税体系。李升（2012）认为，完善我国的地方税制体系，应逐渐赋予省级政府适当的税政管理权限，对政府间的财力进行合理界定，对中央与地方的收入划分进行调整并优化，遵循财力与事权相匹配的原则深化分税制改革，科学、合理确定各级政府财政的主体税种。倪红日（2012）总结地方税存在税制不完善、制度改革滞后、收入偏少、税制结构不合理等问题。在政策建议方面，指出地方税的完善需要拓宽税基、明确主体税种、调整税制结构等。郭月梅（2013）认为，应以“营改增”改革为契机，从调整增值税收入分享机制、加强地方税主体税种的建设、适时赋予地方政府适当的税收立法权和税政管理权三个方面来完善我国的地方税体系。胡斯（2015）从完善我国地方税体系的原则与目标、地方政府现实约束等方面，提出了我国地方税体系改革的方向：短期内，要进一步推进增值税扩围和消费税、资源税改革等，提高增值税地方分享比重并完善转移支付制度；中期内，培育地方政府的主体税种并配置合理的辅助税种，改革相关税种并适时开征新税种，完善我国税收司法保障体系和税收征管机制；长期内，形成中央、省、市县三级政府充足稳定的税收收入来源，构建完善的地方税体系。李堃（2015）从政治经济学的角度分析了我国地方税体系的构建，认为我国当前中央和地方之间的博弈以及地方政府之间的税收竞争是我国地方税体系的根本问题所在。因此，要合理划分中央和地方之间的事权责任，清晰界定地方政府的职能边界；健全地方税的法制构架；优化地方税税种结构；完善税收征管与服务体制。

（三）关于地方税主体税种选择的研究

地方税体系构建的一个很重要方面就是地方税主体税种的选择与确立。

全胜奇（2005）认为，应构建以财产税为主体税种的地方税体系。其基本思路是：纳税人拥有的土地与房屋普遍征收物业税或者不动产税，纳税人拥有的车船等动产普遍征收车船税或动产税。王国华等（2005）认为，把财产税作为地方税主体税种是世界通行做法，财产税具有区域性、税源相对充足、便于征管等特点，最适合成为地方税的主体税种。叶少群（2005）认为我国当前分税制下确保地方税的稳定、规范收入途径的关键是要设立稳定的地方税主体税种，并认为最适合作为地方税主体税种的是土地税与财产税。胡巍（2007）认为，分税制下的中央集权的税权配置模式阻碍了地方税制建设和发展，促使地方政府寻找税外财源，这造成了中央税基的严重侵蚀与税制的混乱。应该通过赋予地方部分税种的立法权、建立以营业税和财产税为主体的地方税收体系，同时通过采取完善辅助税种、大力推进费改税的进程、完善转移支付制度等措施完善地方税体系。黄国龙（2008）认为，财产税固有的特点决定了其必然成为地方税体系的核心。应开征以个人一般性财产为课税对象的财产净值税以及遗产与赠与税，构建以财产税为核心的地方税体系。陈少克（2006）探讨了财产税在我国地方税体系中的现状与前景，认为应逐步培育财产税来弥补我国地方税体系主体税种的缺位。随着经济发展，财产税的税源会越来越广，税基会越来越宽，收入规模也会越来越大，财产税可以成为我国地方税的主体税种。王春元（2005）和黄静等（2010）使用计量经济模型测算了自1994年税改以来我国地方税收入及主要税种收入与GDP增长之间的相关性，研究认为，财产税具有地方税种的天然属性，应该将财产税培育成为我国地方税的主体税种。宋兴义（2009）分析了我国地方税体制存在的问题，在借鉴国际经验的基础上，提出应将财产税和消费税作为我国地方税主体税种的政策建议。胡洪曙（2011）认为，销售税和个人所得税不适合作为地方税主体税种，依据地方税收原则，建议改革现行房产税为新的财产税，并以此作为我国地方税的主体税种。刘佐（2013）认为，我国地方税制改革应该着重解决三个重大问题：改革后的宏观税负问题；税制结构优化问题；地方税体系主体税种的完善问题。提出今后的改革方向应该为：扩大税基和降低非税收入比例以控制宏观税负比重；从税种结构、税制模式等角度入手，完善税收整体结构。吕冰洋（2013）认为，应该将我国地方税的主体征税环节从生产环节转向消费环节，提出开征以零售税为核心的地方税制改革，将商品生产环节的增值税划归为中央税，同时在商品消费环节开征零售税作为地方税，并大幅度降低增值税的税率。此外，将个人所得税划归为地方税，企业所得税划归为中央税，取消营业税。郭庆旺和吕冰洋（2013）认为，重构我国地方税系应该将消费环节商品和个人收入作为地方税税基，改革营业税和房产税，并开征零售税或调整增值税收入分成办法。提出重构地方税系的两个可行方案：零售税＋个人所得税＋房产税；增值税分成＋个人所得税＋房产税。胡斯（2015）认为，在我国地方税的建设方面，省级层面可以将消费税、资源税、个人所得税确立为主体税种；市县级层面可以将房地产税、城市维护建设税、环境保护税确立为主体税种。李堃（2015）

认为，我国地方税主体税种的确立，目前可以考虑的有三个方向：一是房地产税，将现行房地产交易和保有环节的部分税种进行合并，作为房地产税征收；二是消费税，消费税具有税基相对较宽且具增长潜力的特点，可以通过拓宽消费税税基、将消费税从生产环节向后延展至批发和零售环节征收，并调整为地方税；三是企业所得税，调整企业所得税在中央与地方之间的分享比例并作为地方税主体税种。

（四）关于税权划分和地方税收立法问题的研究

中国税务学会《税权划分问题》课题组（2001）认为，应在赋予地方一定的税收立法权的基础上，建立起以中央、省级两级立法相辅相成的立法格局，加强各级国、地税机关联系与协作，授予税务机关一定程度的税收司法权，完善财政转移支付制度，逐步建立起完善的地方税体系。王诚尧（2007）认为，当前我国中央与地方税收权存在的主要问题有：地方政府财权与事权不匹配；地方税调节经济的职能作用没有得到充分发挥；地方财政收不抵支，财政秩序混乱；地方政府越权减免税，破坏了税法的严肃性等。适当下放地方税立法权，有利于理顺中央、地方收入分配关系，规范财政秩序，更好地发挥地方税调控经济的职能。因此，应适当下放地方税立法权，完善税收立法体制。李波（2007）认为，我国税权高度集中的税权划分模式导致了地方政府税收收入不足、增长乏力；地方性公共产品不能够满足当地居民偏好；税种结构不适应税源结构；地方政府缺乏激励；现行税权划分阻碍了分税制改革的进一步深入等问题，因此，要尽快出台与税权相关的法律依据，根据具体情况适当下放税收立法权。肖建华（2009）认为，我国的税权配置还存在缺乏法律基础、税收立法权配置不合理以及国、地税征收管理机构权力配置不合理等问题。提出要在具体区分税权权束的基础上合理配置地方税权，同时也要警惕地方税权被滥用。谢国财（2010）认为，我国当前高度集中的税权模式，不利于培育地方税源，导致地方政府乱收费，削弱了地方税的经济调节和财政收入筹集职能。应该在明确各级政府的事权与财权范围基础上，科学合理地进行税权划分，建立兼顾中央与地方利益的科学的税权分配体系。吴东镐（2015）认为，当前我国中央与地方关系缺乏法律基础，导致中央和地方关系随意性大、透明度低、人治化倾向比较严重。解决问题的关键在于科学合理、清晰的责权利分配，并建立和完善适合我国国情的司法制度以及地方财政体系。贾康、程瑜（2015）认为，新一轮税制改革的重点，应该是优化税制结构，构建现代税制体系。在完善和健全地方税系方面，要赋予省级地方政府对主体税种适当的税收管理权，允许省级政府开征具有区域性税源特征的地方性税种；积极推进税收立法进程，完善治税体系建设。

（五）文献述评

税制体系与税制结构作为上层建筑，受制于一国的经济基础，同时体现和反映了一国政府在公平和效率目标之间的权衡与取舍。地方税作为税制体系中重要的一环，是国家财政管理体制的重要组成部分，合理构建与改革完善地方税体系以适应经济发展的需要，是一项动态的系统工程。

在税权划分方面，学者们认为，应该在明确中央和地方的事权责任基础上，清晰界定地方政府的职能边界，合理配置和划分税权，并赋予地方政府适当的税收权限，促进地方事权和财权的合理匹配，以满足地方政府提供公共服务财力的需要。

在地方税制结构方面，一般认为，完善的地方税体系对构建和完善分税制公共财政体制至关重要。要依据公平和效率原则合理划分中央税和地方税，一般流动性较强的税基和具有收入再分配调控职能的税种适合划分为中央税，流动性较差、与地方经济发展联系紧密，并适合地方征管的税种适合划归为地方税。因此，大多数学者认为，房地产税是地方税的合理税种，并具有适合作为地方税主体税种的天然优势。

这些典型的做法和成功的经验为我国地方税体系模式的构建和完善提供了有价值的参考和借鉴。

从实践看来，我国目前施行的分税制基本上顺应了我国经济社会发展需要，是适应我国社会和经济发展要求的财政管理体制的，但我国的税制结构依然存在不完善之处，如分税制不彻底、财权事权不相匹配、税权过于集中、税种划分标准模糊、“营改增”后导致我国地方主体税种缺乏、税收法制不健全等。今后应大力改革和完善我国的地方税制，构建以财产税为核心的地方税体系，同时，合理划分税权，优化地方税制结构，逐步健全我国的地方税体系。

三、研究思路与基本框架

本书基于税制结构优化理论及十八大和十八届三中全会精神，从税权配置、财力分配等方面，对我国现行地方税体系存在的缺陷和问题进行了深入探讨，并提出相应的政策建议。其中将重点思考地方税主体税种的选择，尤其是房地产税、销售税等税种，思考其作为地方税主体税种的可行性，分析地方税制改革的整体规划、税制功能、税制改革难点、改革方向和步骤等，并从财政体制改革和地方财政职能入手，重新界定中央与地方以及各级地方政府之间财政职能和财政支出范围的划分，从完善转移支付体系等方面提出相应的对策建议。

本书先对地方税体系理论进行了梳理，并对我国地方税体系的历史演进与制度变迁进行了回顾和总结，然后对我国地方税体系进行了现状分析，介绍和总结了国际上不同类型国家地方税建设的经验，在此基础上，结合我国实际提出了构建和优化我国地方税体系的总体目标和实施路径，并对新型地方税体系对我国地方财力影响效应进行了实证分析，最后对进一步完善我国地方税体系建设的相关措施进行了探讨。

四、研究方法

本书以税收基本理论原则为研究依据，立足于我国现有的财税体制和社会经济发展趋势，并结合国际地方税建设的经验与实践，运用了多种研究方法，对中国地方税体系的建设进行了多维度、多层次的分析和探讨，提出了改革与完善我国地方税体系的构想。

本书主要综合采用了多种方法对地方税体系的构建进行探讨。

（1）静态分析和动态分析相结合。由于税制体系的发展与演进是一个动态变化的过程，必须依据不同的经济社会发展情况进行适当调整。因此，对这一问题的研究不但要以静态的方法进行客观描述，也必须以动态的眼光分析、归纳和总结。

（2）定性分析与定量分析相结合。定性分析和定量分析是相互统一和相互补充的，本书在我国地方政府间财政分权以及地方税主体税种构建分析等方面主要应用定性分析与定量分析相结合的方法。

（3）规范分析与实证分析相结合。规范分析偏重于理论，实证分析偏重于实践。因此，规范分析与实证分析相结合就是理论结合实际的分析方法，使理论在实践中得到检验。在本书的研究中，对地方税的税制构建以及主体税种的选择采用了规范分析与实证分析相结合的方法。

五、可能的创新与不足

本书尝试在以下几方面进行创新：

（1）研究视角的创新。“营改增”税制改革所涉及的不仅仅是营业税和增值税这两个具体税种，而是涉及我国整个税制结构体系的重构、完善和优化，尤其是地方税体系构建的重大问题。因此，全书紧紧围绕“营改增”背景下我国地方税体系面临的问题与挑战以及我国地方税主体税种构建这一重大命题，从系统和全局的视角探讨和评估了构建以零售税、新型消费税、房地产税为主体税种，以资源税、环境保护税、城市维护建设税等为辅助税种的新型地方税体系的可行性。

（2）研究方法的创新。本书使用了不同的量化分析工具与方法对“营改增”后新型地方税改革方案对我国地方财政和经济方面的影响进行了实证研究。

① 使用投入产出法对“营改增”税制改革对我国地方税体系的影响与冲击进行了测算分析。结果表明，增值税扩围改革最终会对我国地方财力带来一定的损害，而且也会改变营业税在地方财政收入中占主体地位的局面，从而极大影响地方财政利

益。所以，构建和完善我国的地方税体系，有效降低“营改增”对我国地方税收的冲击和影响，就成为一种必然的路径选择。

② 运用CGE模型对零售税开征的政策效应进行了模拟研究，并评估了对地方财力的影响。测算结果显示，税制改革能够有效拉动经济增长，促进产业结构优化和调整，零售税的开征和合理设定能够确保地方政府有足够的、可预期的收入，满足地方政府财政支出要求，担当起地方税主体税种的重任。

③ 运用模拟评税方法对我国房地产税开征的政策效应进行了模拟测算与研究。测算结果显示，新型房地产税的开征可以在保持原有税负水平基本不变的基础上，实现从交易流转环节课税为主向保有环节课税为主转变的政策目标，同时，在税收收入上保证了房地产税作为地方主体税种的地位，并发挥了对经济的重要调控作用。

本书有待完善之处：

第一，地方税体系构建是一个经济问题，更是一个政治问题，本书未能从法学和宪政的角度对我国地方税体系的法律构建进行深入探讨；

第二，对省以下财税体制未进行深入探讨。省以下财税体制也是我国地方税体系建设的一个重要方面，但限于篇幅未进行深入探讨；

第三，本书从分税制改革以来我国地方税运行情况、税权配置、转移支付、税收立法等多角度对我国地方税体制的改革进行了探讨，但地方税体系的改革与完善是一个系统工程，限于作者的能力与水平，在研究内容的深度与广度、研究手段的创新方面有待拓展和加强。

第一章　地方税体系理论分析

地方税是一国公共财政体制中的重要组成部分。对地方税体系的构建、地方税制度的完善、地方税为地方政府提供财政收入功能的发挥等相关问题的研究不仅具有重要的现实意义，还具有极强的理论价值。本章对地方税及地方税体系的概念和相关理论进行了梳理，并对构建与完善地方税体系的原则进行了分析。

第一节　地方税与地方税体系概念界定

一、地方税的概念和特点

（一）地方税的概念

地方税在国际上通称为 subnational tax 或者 local tax。[1]对于地方税，国际上目前尚未有一个公认的严格定义，原则上来说，完全意义上的地方税应该满足以下五个明显条件：

（1）地方政府享有开征或不征收某种税的决定权（税收立法权）；

（2）地方政府能够决定该税种的税基（税基决定权）；

（3）地方政府能够决定该税种的税率（税率决定权）；

（4）地方政府对该税种进行评估、征收、执法（征收管理权）；

[1] 联邦制国家的地方税包括两部分：州和地区政府的税收：subnational tax［次国家（中央）级税］；基层地方政府的税收：local tax。单一制国家的地方税则统称为 local tax.

（5）地方政府能够保留该税种的全部税款（收入支配权）。[1]

事实上，在现实中，许多所谓的地方税仅仅只满足以上一两个条件，通常的地方税来源于分税制（revenue-sharing system）体制下基于来源地所征收税款的中央税的分成。地方政府负责本辖区税收的征收与管理，并通过促进本地经济发展取得税收的增长，因而地方政府对税基增长有重要影响。但一般情况下，这种模式下地方政府通常无权通过税率和税基对税收收入产生直接影响。

按照税收分权（tax decentralization）理论模型，目前国际上地方税可以分为四种模式：

第一种模式，将税权和税收征管的责任赋予地方政府。这种模式目前代表性的国家有美国和加拿大。

第二种模式，地方政府与中央政府共享税基，由地方政府设定税率，但由中央政府设定税基并进行监管。

第三种模式，税率和税基由中央政府设定，但由地方政府负责征收，并按规定取得征收税款的一定比例和份额。这种模式流行于德国和一些东欧国家，我国目前采用的也是这种模式。

第四种模式，中央政府设定税率、税基和进行征管，但将征收税款的一定比例返还给地方政府，返还的税款可以是基于某特定的公式和算法。许多发展中国家采用了这种模式，事实上它可以被视为某种形式的政府间转移支付。

实践中，不同国家、不同时期的研究者所定义的地方税以及地方税收入也都带有研究者所处国度或历史时期的色彩。以美国为代表的西方典型的分权型市场经济国家，强调地方税是地方政府拥有完整税权的税种，包括税收的立法权、征管权和收入权。但受各国中央与地方税权划分的约束，地方政府往往并不拥有完整的税权：或者拥有征管权、收入权和部分立法权，或者拥有征管权和收入权，或者只有收入权。

我国学术界对地方税的认识在不同时期也不尽相同，以 1994 年分税制改革为分界点，大致可划分为分税制改革之前和分税制改革之后两个阶段。

实行分税制改革之前，在我国相关理论文献中，地方税是指地方政府可以支配的税收收入。例如，章炜（1989）认为：“地方税就是‘中央税’的相对称呼，是税制分类的一个标准，以税收管理的权限作为划分依据，作为地方财政收入主要来源的税

[1] Richard M. Bird, Subnational Taxation in Developing Countries: A Review of the Literature [R]. Policy Research Working Paper, World Bank, 2010 : 6.

收收入的总称。”[1]何盛明（1990）则将地方税定义为“根据财政管理体制的有关规定，凡是划归为各个地方政府固定收入的税种统称为地方税，对地方税来说，地方政府拥有相对较大的管理权”。[2]这两种对地方税概念的表述都强调了地方政府对地方税收入的归属支配权，不涉及税收的立法权、司法权等法律属性。

1994年实行分税制改革以后，我国学术界对地方税的界定有了较大变化，其不再仅仅局限于税收收入划归地方政府所有，而是更深入地涉及税收的其他权力，如税收的执法权、立法权等。比如，王维国（2002）则认为“地方税应是与地方经济密切相关，属于地方财政收入且由地方负责组织征收管理的各种税的统称”。[3]刘佐（2012）认为：“地方税指税权划归地方的税收，即由地方根据宪法或者其他国家法律的规定制定地方税收法规、征收和使用的税收。”[4]

综上所述，尽管学界对地方税的表述不尽相同，但基本内涵大致相同，都侧重于地方税的收入归属权，都将地方税限定于税收收入归地方政府支配的税种。

在界定地方税时，不能因为地方政府没有控制某项税权或某几项税权，而改变它的属性。问题的关键在于，该级政府是否拥有获得并支配这项税收收入的权力。因此，税收的收入归属权划归地方政府应该是地方税必须具备的最基本条件。

基于以上对地方税概念的界定与分析，本书认为地方税的概念可以表述如下：

地方税是指依据分税制财政管理体制所确立的中央政府与地方政府事权划分的基本原则，由中央政府立法或者由中央政府授权地方政府立法，并由地方政府负责征收管理，主要收入或全部收入划归地方政府自行支配的各类税收的总称。

通常，在谈及地方税的时候，有两种不同的口径：一种是狭义的窄口径地方税，仅指地方专有税种，不包括共享税的地方部分；一种是广义的宽口径地方税，收入全部或部分归属地方政府的税种都是地方税，既包括地方专有税种，也包括共享税的地方部分。本书在研究地方税体系时，将按照宽口径的定义进行。

（二）地方税的特点

从地方税概念可以看出，地方税具有明显的地方特色，体现的是中央与地方合理处理财政分配关系的原则，建立地方税体系的目的是为了在中央与地方财权和事权科学合理安排的基础上，促进地方区域经济持续稳定和良性发展。

---

[1] 章炜主编．税务词典[Z].北京：中国财政经济出版社，1989.

[2] 何盛明主编．财经大词典[Z].北京：中国财政经济出版社，1990.

[3] 王维国．中国地方税研究[M].北京：中国财政经济出版社，2002：40.

[4] 刘佐．中国地方税制概览[M].北京：中国税务出版社，2012：1-2.

（1）区域性。作为国家整个税收体系的一部分，地方税体系具有明显的地方特色和区域性特征。由于各地区在地理位置、资源禀赋、产业结构、经济发展程度等方面存在差异和不同，决定了地方税体系的构成也必然不尽相同。

（2）独立性。在施行财政分权和分税制的条件下，地方应被赋予一定的相对独立的税收立法权和管理权以及独立的税收征管机构，这是"责权利对等"原则的体现。但地方税的这种独立性受到一国政治体制、历史传统、经济发展阶段以及政府治理水平等因素的制约和影响。

（3）稳定性。为获取稳定的财政收入，满足地方公共建设支出的需要，地方税体系通常选择那些税源相对稳定、受经济波动影响小的税种作为地方税主要收入来源，以满足地方财政稳定的要求。如作为地方税体系主体税种的房地产税，随着城市的发展以及城市化进程的加快，能够为地方政府提供稳定持久的税源，而稳定的地方财政资金又可使地方政府为辖区居民提供更加完善的公共服务。

（三）地方税的功能定位

（1）筹资功能。地方税为地方财政职能的实现提供必要的资金支持，因此具有筹资功能，而且地方税的筹资能力应具有相对的稳定性，符合地方财政稳定的需求。

（2）调节地方经济发展功能。地方税的存在是出于更好地实现地方财政职能的考虑。正如财政支出需要划分中央和地方层次一样，地方税既作用于地方财政支出功能的实现，又以地方税和地方财政支出的不同组合方式提高当地居民的福利水平，调节地方经济发展。

二、地方税体系的含义和内容

（一）地方税体系的含义

体系泛指一定范围内若干有关事物或某些相互联系的事物，按照一定的秩序和内部联系组合而构成的一个有特定功能的有机整体。税收体系是一个国家根据经济发展水平、财政收支情况合理划分税种、明确税权、加强税收征收管理形成的相互协调的有机整体。一国的税收体系根据税收征管权限，一般分为中央税系和地方税系两个系统。在政府"分权"和"分税"的背景下，中央税体系和地方税体系这两个相互区别的子系统，对国家组织财政收入和实施宏观调控发挥了重要作用。

对于地方税体系的概念，学界也有着不同的理解。

邓子基（2007）认为："地方税系是实行分税制的国家在中央与地方之间划分事权进而划分财权的基础上，由地方税收管理权限、地方税收制度结构及相应地方组织机构和运行保障机制构成的税收分配运行系统。"[1]陈必福(2009)认为:"地方税体系是指包括地方税制、征收管理以及司法保障在内的整个地方税的立法、执法和司法所组成的统一体。"[2]谢国财(2010)认为:"地方税体系是相对于中央税体系而言的,包括地方税制、税收规模、征收管理、司法保障以及地方税理论等要素,其实质是整个地方税的立法、执法和司法所组成的统一体。"[3]

综上所述,地方税体系是一个与中央税体系相关联的财政管理体制系统,是根据一国经济发展水平、财政支出需求而形成的由有关地方税税种设置、收入划分、税权划分、征收管理等组成的税收管理体系的综合体。

地方税体系的实质是整个地方税的立法、执法和司法所组成的有机整体。地方税体系作为地方层级的税收体系,服务于地方政府职能、经济发展、社会福利改善等一系列社会经济目标。

(二)地方税体系的主要内容

对于地方税体系这个内容复杂且庞大的系统,学者们有不同的见解。刘佐(1997)认为税收体系作为研究由不同比例税种收入构成的总体,其构成应至少包括税收体系得以形成的主体、税收体系能够运行的载体、税收体系运行的执行者三要素。[4]邓子基(2007)认为我国地方税体系由地方税立法体系、制度体系和征管体系三个主要部分组成。[5]刘晓红(2010)认为:"'地方税体系'是由地方税收收入、税收制度、税收权限与征收管理等组成的一个有机整体。"[6]高亚军(2012)则认为地方税体系包括管理权限、来源渠道、收入规模和征管组织四个方面的内容。[7]还有学者建议将税收司法保障措施涵盖在地方税体系之中,建立立法、司法和执法相统一的整体。

通常而言,地方税体系主要包括:税收收入体系、税收管理权限体系、税收制度体系和税收征管体系四个方面的内容。

1.税收收入体系

税收收入体系是地方税体系的核心内容,它是区分中央税体系和地方税体系的重要依据。我国目前政府的税收收入被划分为三部分:中央政府固定收入(国税)、中

---

[1] 邓子基.建立和健全我国地方税系研究[J].福建论坛·人文社会科学版,2007(1).

[2] 陈必福.完善我国地方税体系研究[J].发展研究,2009(12).

[3] 谢国财.完善我国地方税体系的思考[J].中共福建省委党校学报,2010(1).

[4] 刘佐.论"地方税体系"[J].税务研究,1997:6-10.

[5] 邓子基等著.地方税系研究[M].北京:经济科学出版社,2007:5.

[6] 刘晓红.中国地方税体系研究——结构与体制优化[D].太原:山西大学,2010.

[7] 高亚军著.中国地方税研究[M].北京:中国社会科学出版社,2012:27.

央政府与地方政府共享收入（共享税）和地方政府固定收入（地方税）。其中，中央地方共享收入中由地方政府支配的部分（共享税地方分成）也属于地方税税收收入体系的有机组成部分。地方可以按照本地区的情况进行立法和征收管理，这样便建立起了中央和地方的税收体系。这种划分实质上是对税收收入归属权和支配权的划分，它适应了政府财政分级管理的要求，有助于调动地方政府征税的积极性。

2. 税收管理权限体系

地方税税权从内容上包括税收立法权和税收征管权，其中处于核心地位的是立法权。我国的税收立法权主要属于全国人大及其常务委员会和国务院，但也存在授权立法。地方税收的立法权是地方政府有效组织税收收入和进行征收管理的法律保障。

税收征管权从本质上讲是一种税收执法权，主要指税务机关根据税法，进行税款征收、日常管理以及监督检查等行使的权力，其中税款征收权是税收征管的核心。❶通常，地方政府在本地区行使税收权力会受到中央政府和宪法的制约，不能行使完全的税收权力。但是，地方政府拥有不同权限的税权是保证地方税依法征收的必要保障，是地方税税收体系的重要组成部分。

3. 税收制度体系

完善的税收制度体系，是在分税制体制下区别中央和地方财政分配的关键环节。

从国际分税制的实践情况来看，分税制最核心的内容是依据各级地方政府的事权大小而进行的税收分配（tax assignment）。❷在税收制度体系中不同税种在地方税制中的作用和地位各不相同，因此呈现出不同的税种结构。其中，税种设置，尤其是主体税种的选择，是构建地方税税收制度体系的关键内容。税种结构的确定不是主观的划分，而是地区经济发展状况、税收运行目标和地区居民纳税意识等客观条件决定的。地方政府在税收制度体系的建设上应该因地制宜，整合本区域内的经济资源，选择合适的主体税种，形成地方税与地方经济相互促进、协调发展的局面。

4. 税收征管体系

除了需要健全的税收法律法规、有效的税权划分、科学合理的税制结构外，完备的税收征收管理体系是确保一个国家的税收体系能否有效运作的关键。地方税的征管体系是国家机关为了实现其职能，有效组织地方税收、完成地方税收的征管事务，按照法律规定取得税收收入的整体系统。

---

❶ 赵云旗．中国分税制财政体制研究[M]. 北京：经济科学出版社，2005：465.

❷ Tiebout. C., A Pure Theory of Local Expenditures [J]. Journal of Political Economy, 1956, 64（5）: 416-424.

地方税体系的四个方面相互作用、相互渗透，形成一个相互协调与补充的有机整体。其中，税收收入体系是整个地方税体系的基础，本书将着重从税收收入体系对我国地方税体系的构建进行分析和论证。

构建和完善我国的地方税体系，应以完善政府间财政关系、建立现代财政制度为总体要求和目标，尽快建立和健全适合我国国情的，涵盖地方税权、地方税种、地方税务征管以及地方税收法规在内的完整地方税体系。

第二节　地方税体系的理论基础

地方税（体）系的形成，是税收与财政发展到一定阶段的产物。分级政府和分级财政要求各级政府有其相对独立的财源和收入体系，以保证各级政府职能的实现，公共产品的分级提供是地方税存在的效率基础，分税制财政管理体制是地方税体系产生的直接原因。

一、地方税体系存在的制度基础

地方税之所以要与中央税分别独立存在，首先是分级政府和分级财政的要求。财政分级源于政府的分级，“以政控财，以财行政”。地方财政的主体就是相对于中央的地方政权主体，这些主体按其政权级次对应着一级财政，多级政府体制的客观存在是分税制的制度前提，政府的层级决定了相对应的财政的层级。[1]

（一）分级政府与地方税

分级政府也叫多级政府，即一个国家的政府分为几级，其中每一级政府都有其明确的行政区划，有相对独立的财权、明确的机构分工和管理责任，而又相互制约。多级政府体制是调整中央与地方政府各种关系的最基本制度安排。

美国经济学家施蒂格勒（George Stigler）和特里希（Richard W. Tresch）认为，信息的不完备性和不确定性以及中央政府与地方政府管辖居民间存在的地域性差异，易造成对公共产品供应不足或者提供过量。相比中央政府，地方政府更接近自己的公众，因而更加了解本辖区选民对公共产品的偏好与需求，提供适量的公共产品，更可能实现帕累托改进。

由此可见，由于公众偏好、各层级政府的服务效率等信息不对称等原因的存在，

[1] 高培勇等．中国财政经济理论前言（4）[M]. 北京：社会科学文献出版社，2005：221.

地方政府相比中央政府在履行资源配置职能时针对性更强、更有优势，这为地方政府的存在提供了理论基础。

在分税制体制下，地方税作为地方政府的主要财政形式，保证了其行使职能的基本财力。政府分级理论为地方税体系的存在提供了理论基础。

（二）分级财政与地方税

分级政府体制必然要求实行分级财政体制，因为财政是其实行政府职能的物质前提。分级财政体制是对各级政府实行分级管理的财政体制。作为一种财政控制权的配置制度，它要求在清晰界定各级政府事权的基础上，按一定财政原则在各级政府间划分财权。

分级财政体制的实质是如何划分各级政府之间的财权，换句话说，财政分权是分级财政体制的必然结果。由于财政分权的核心是为了确保地方政府具备提供本级地方公共产品的相应财力，以确保不同层级政府职能的有效履行，政府必须实行合理的财政分权。地方税正是为了使不同层级的政府均有稳定的收入来源，以满足其公共职能的实现，为此，地方税是财政分权的必然结果。

分级财政体制是分级政府体制的必然要求，财政分权则是分级财政体制的必然结果，它们共同构成地方税体系存在的制度基础。

二、地方税体系存在的效率基础

（一）公共产品理论

公共产品（public goods）的思想起源于英国学者霍布斯在其著作《利维坦》中关于国家权力来源的理论假说：国家就是一大群人相互订立契约，每个人都有他的行为授权，以便使他能按其认为有利于大家的和平与共同防卫的方式运用全体力量和手段的一个人格。[1]后来的许多学者发展了这一假说，而“公共产品”概念的正式提出是瑞典人林达尔（Erik Robert Lindahl）在其博士论文《公平税收》中的有关论述。

公共产品是相对于私人物品（private goods）来说的，它具有非竞争性（non-rivalrous consumption）和非排他性（non-excludability）特点。公共产品的非竞争性，是指社会公众对公共产品的消费不会减少其他人对公共产品的消费；公共产品的非排他性，是指除非能够花费无限成本，否则不可能排除其他人对该产品的消费。私人物品与公共产品相对，具有竞争性又具有排他性。公共产品非竞争性和非排他性使消费者会产生不愿付费的动机，从而导致“免费搭车”（free rider）的现象，在市场机制

[1] 霍布斯著．利维坦[M]．刘胜军，胡婷婷，译．北京：中国社会科学出版社，2007.

下，造成公共产品供给的不足，即“市场失灵”（market failure）。

“免费搭车”现象的出现，究其原因是消费者的偏好没有得到真实反映。“林达尔均衡”（Lindahl Equilibrium）理论认为，如果公共产品的消费者愿意真实显示自己的消费偏好并支付相应成本，那么公共产品的提供将达到最优。❶消费者的偏好得不到真实反映，公共产品往往会出现供给不足，造成市场机制调节作用的失灵。当市场出现这种失灵的情况，需要政府凭借其政治权力进行干预，通过强制性征税来解决非竞争性和非排他性的问题。这种干预实际上使得纳税人通过税收购买公共产品与服务。

基于以上分析，我们可以看出，公共产品的非竞争性和非排他性特点为政府提供公共产品提供了理论依据。只有依靠政府凭借其政治权力，通过强制性征税的方式来解决“搭便车”而导致的公共产品供给不足的问题。因此，公共产品的非竞争性和非排他性特点为政府课税提供了理论依据。

（二）财政分权理论

财政分权（fiscal decentralization）也称为“财政分税制”或者“分权型财政体制”，国外称为“财政联邦制”或“财政联邦主义”（fiscal federalism）。财政分权是与财政集权相对的，是关于公共部门职能合理分配以及不同层次政府间财力合理分配的理论。这种体制下，中央政府授予地方政府一定的税收权限，使基层地方政府拥有合适与合意的财政自主决策权，在选择与本辖区特点相匹配的政策类型上有较大的自由度，从而使地方政府能够更好地为本辖区居民提供公共服务。

1956年，美国经济学家蒂布特（Charles Tiebout）发表了《地方支出的纯理论》一文，标志着财政分权理论的兴起。蒂布特认为，理性的人从自身利益出发，为使自己的个人效用达到最大，会在全国寻找地方政府所提供的公共产品与所征收的税款（可视为支付公共产品的价格）之间的一种最优组合。一旦找到符合自己效用最大化目标的地区，就会选择在这一地区定居、生活和工作，消费当地政府提供的公共服务并接受当地政府的管辖。这就是所谓的“用脚投票（voting by feet）”理论。而地方政府为提供本地公共产品所征收的地方税的存在是居民自由选择居住地和政府提供公共产品的必要前提。❷

理查德·马斯格雷夫（Richard Abel Musgrave）在《财政理论与实践》中明确提出了财政分权的思想。他指出，在财政分权体系下，通过税种在各级政府间的合理分

❶ 徐增辉．全球公共产品供应现状及我国的策略[J]. 山东社会科学，2008（6）.

❷ Charles M.Tiebout, A Pure Theory of Local Expenditures. Journal of Political Economy, 1956, 64（5）: 416-424.

配，地方政府可以拥有相对独立的税收权力。因此，中央政府和地方政府间的分权既是必要的也是可行的。他还指出，属于全国性的公共产品，如收入分配和经济稳定职能应由中央政府负责提供；而那些属于地方性的公共产品，如房屋、土地等个人财产由地方政府提供则比较合适。❶

华莱士·奥茨（Wallace E. Oates）在《财政联邦主义》一书中，认为从纯粹经济学的角度看，分权的基本作用在于使政府部门的运作更有效率，以实现资源更有效率的配置。在公共产品的提供上，地方政府与中央政府存在效率差别，地方政府在本辖区公共资源的提供和配置功能上相较于中央政府更有优势：与中央政府相比，地方政府不仅对本地的情况了如指掌，而且具有对该地公共产品产出加以调整以适应当地条件和口味的政治能力。由此，奥茨提出了"财政分权定理"，同财政集权体制相比，它建立了一系列在财政分权体制下提供公共产品并实现帕累托最优的充分条件。❷

上述理论从不同方面论证了财政分权的必要性和合理性。通常而言，从获取资源配置信息的角度看来，由于地方政府比中央政府更接近当地居民，因而对本辖区居民对公共产品的需求方面的偏好有更为准确的认识，能够对所提供的公共产品进行更有效率的配置，并纠正中央政府在提供公共产品过程中的错误与偏差。因此，地方政府享受税权是具备经济理由的。

税收是各国政府取得财政收入的最主要形式。税收权限的下放是财政分权的重要内容，而是否具有合理适度的税收权限也是衡量地方税体系是否健全的一个重要标准。地方税的产生是基于地方政府掌握一部分税权及税种的基础之上的。

根据分税制财政体制的理论和原则要求，根据各级政府的优势对税种进行合理划分，使地方政府不仅具有固定的税种和稳定的税收收入，而且具备一定的税收管理权限，真正意义上的地方税体系也由此诞生。

（三）地方政府在提供地方性公共产品时的效率优势

按受益范围的大小，可以将公共产品划分为全国性公共产品和地方性公共产品。地方性公共产品除了与其受益范围相关，还受到各地区居民不同偏好的影响。基于居民对地方性公共产品偏好、需求的不同，对于产品的数量和质量也会存在差异。如果由中央政府统一负责提供地方性公共产品，必然导致产品供给不足、地区居民的需求得不到满足和效率的损失，表现在：一是会产生高额的交易费用（决策费用、实施成

❶ Richard Abel Musgrave. Public Finance in Theory and Practice [M]. New York：McGraw-Hill Companies，1959.

❷ 华莱士·奥茨. 财政联邦主义 [M]. 北京：中国社会科学出版社，1972.

本、监督费用等）；二是会使中央与地方政府之间产生很大的协调成本，影响地方政府的积极性和主观能动性。

蒂布特（Tiebout）的“用脚投票”（Voting by feet）理论、理查德·马斯格雷夫（Richard Abel Musgrave）的财政分权思想以及华莱士·奥茨（Wallace E. Oates）的“财政联邦主义”（Fiscal Federalism）理论，都指出了地方政府在提供地方性公共产品时的效率优势，公众对公共产品和公共服务的搜寻迫使地方政府在公共服务与税收组合上展开相互竞争，促使他们提供最佳的公共服务以留住那些具有较高税负能力的居民，从而使地方政府在提供公共产品履行资源配置职能时更有经济效率。[1]

税收的出现是政府履行其职能的需要，不同层级的政府在提供公共产品时，具有不同的效率优势。因此，公共产品也应该实行分级提供，通过由地方政府提供地方性公共产品可以解决中央政府提供地方性公共产品时造成的效率损失。

第三节　地方税体系建设的基本原则

无论是单一制国家还是联邦制国家，均十分重视中央税与地方税的划分问题，因为它不仅能够加强中央财政的主导地位，而且也能调动地方政府的积极性和能动性并推动地方经济发展。

一、地方税设立的一般原则

在中央税与地方税的划分原则方面，许多学者进行了广泛研究，出现了较为丰富和全面的划分原则内容，其中代表性较强的主要有以下几种划分原则：

（一）马斯格雷夫的七原则

现代财政学之父马斯格雷夫（Richard A. Musgrave）认为，税收划分应该遵循七项原则：① 中央政府有维护社会经济的稳定的职责，为此，具有稳定经济职能的税种应该划归中央政府，和区域地方经济密切相关的税种则划归地方政府；② 具备收入再分配功能的税种应该划归中央政府，这样有利于实现全国范围内的公平目标；③ 在各地税源分布不均的税种应该交由中央政府负责，否则会造成地区间税收收入的失衡；④ 对流动性较差的生产要素课征的税收划归级次较低的地方政府；⑤ 对流动性较强的生产要素课征的税收应划归中央政府，以免引起资源在地区间的流动，造

[1] 蒂布特．地方支出的纯理论[J]．政治经济学杂志，1956（64）．

成资源配置的扭曲；⑥ 与居住地密切联系的税收应划归地方政府；⑦ 受益性税收及使用者收费适用于所有级次的政府。❶

（二）塞利格曼的三原则

美国著名财政学家塞利格曼（Martin E. P. Seligman）认为税收的划分应该遵循三项原则：① 效率原则（Efficiency），即以征税效率的高低来界定中央税与地方税的划分，如将所得税划归中央政府，这样征收效率比较高，调查归属简单易行；② 适应性（Suitability），即以税基的宽窄作为税收划分的依据，税基广的税种归属中央；③ 恰当原则（Adequacy），以税负是否公平作为分税标准，具有公平税负而设立的税种应归属中央，对局部地区和局部人群课征的税种应划归地方。❷

（三）杰克·M·明孜的五原则

加拿大学者杰克·M·明孜（Jack M. Mintz）对税收的划分提出了五项原则：① 效率原则。税收的划分应该尽量不影响资源的配置；② 简化原则。税收的划分要便于公众的理解与执行；③ 灵活标准。将税权与事权相适应，便于各级政府有效灵活地使用各项税收政策工具，如税收补贴等；④ 责任标准。各级政府的支出应与税收责任相一致；⑤ 公平原则。各地区间应尽量保持税种结构、税基、税率上的平衡，以此来保证各地区税负水平的平衡。❸

我国学者郭庆旺、赵志耘总结出中央与地方税权划分的三项原则：① 公平原则。出于再分配目的而对流动性要素课征的税种应划归中央政府；税基在地区间分布不均衡的税种应设定为中央税；② 效率原则。对流动性较强的劳动、资本、技术等生产要素课征的税种应划归为中央税；税基不流动的税种应划归为地方税；地方政府应尽可能用使用费和受益性税种为本地公共服务提供融资；③ 稳定原则。周期性特征比较明显、具有宏观经济稳定职能的税种应划归中央；收入比较稳定、能比较准确预测的税种应划归地方。❹

纵观国外学者对地方税设立原则的阐述可以看出，尽管分析的视角有所不同，但有诸多相似之处，如大部分划分原则都要求满足效率原则。当然，由于各国国情不同，在划分中央税与地方税时不能直接照搬。为此，我国在划分中央税与地方税时，

❶ Richard A. Musgrave., Who Should Tax, Where and What? Tax Assignment in Federal Countries [M]. Canberra：Australian National University Press，1983：201-219.

❷ 平新乔 . 财政原理与比较财政制度 [M]. 上海：上海三联书店出版社，1992：363-364.

❸ 邓子基等 . 地方税系研究 [M]. 北京：经济科学出版社，2007.

❹ 郭庆旺，赵志耘 . 公共经济学 [M]. 北京：高等教育出版社，2006.

要在遵循税收划分的基本规律的基础上，立足于我国的现实国情。

综上所述，一般说来，地方税的设立应遵循以下几个基本原则：

（1）地方税的税基相对不可移动，以使地方政府可以在税率设定方面有操作空间和余地，而不会丧失绝大部分的税基。各层级的政府应当为所提供的公共服务开支承担明确的公共责任。

（2）税收收入能够随着时间的推移有充分的弹性以维持财政的可持续性，既能够充分满足地方财政支出需求，也能够保持稳定和可以预测。来自地方税的收入应该足够充足以满足为本辖区的纳税人提供公共服务开支的要求。

（3）税收最好与纳税人所接受到的地方政府所提供的公共服务的数量和质量相关。地方政府所课征的税收应该尽可能仅由本辖区的纳税人所承担，而不应该将课征的地方税的大部分输出给非本辖区的居民。

（4）地方税的征管从效率和效果上来看应该是便利和容易的。有效征管的成本应当是所征收税款的合理比例。

依据以上划分原则，通常将增值税、消费税、关税、个人所得税等流动性强、体现国家权益、收入再分配等属性的税种划分为中央税；将财产税、土地税等税基较稳定、适合地方征管的税种划归为地方税。（见表 1–1）

表 1–1　中央与地方收入划分原则

收入归属	税　种	理　由
中央收入	增值税	流动性较强，维护中央权威
	企业所得税	
	关税	体现国家权益
	资源税	
	消费税	收入再分配
	个人所得税	
地方收入	财产税	税基较为稳定
	营业税	
	土地税	地方具有信息优势
	车辆税	
	使用费、规费	收益与负担对等

资料来源：财政部网站

二、我国地方税体系设立的基本原则

地方税体系是现代税收体系的一部分，首先必须遵循现代税收的基本原则，如效率原则、公平原则、稳定原则和财政原则。在目前我国各级政府治理结构和财政管理体制背景下，构建适合我国国情的地方税体系，实际上是一场涉及经济、财政、税收等多个领域的重大改革。我国国土辽阔，各地区经济发展极不平衡，在中央税与地方税的划分上要保证中央政府对整个宏观经济的调控作用职能的发挥，同时，各地区经济发展存在很大差异，这必然要求赋予我国地方政府一定自主权。

在遵循地方税设立的一般原则基础上，结合我国实际，我国地方税体系的改革应当遵循以下几项具体原则：

（一）事权与财权相统一的原则

分税制改革的核心，在于合理界定各级政府事权与财权，科学处理政府之间的税收分配关系，这是构建地方税体系的关键。新的地方税体系要按照“改革税制、稳定税负”的总体要求，深化分税制改革，坚持彻底分税，确保地方财力与事权匹配，促进税制结构优化，构建“优化税制结构、促进社会公平”的地方税体系。

（二）公平与效率原则

地方税体系建设要有利于创造公平的税收环境，符合普遍征税、量能负担的原则，确保纳税人平等竞争和有利于促进经济效率的提高。在构建地方税体系时，要充分考虑优化和调整各级政府的税收收入和分享比例，尽可能兼顾各地区间地方税体系的相对公平。

在构建地方税体系过程中，有效贯彻效率原则主要从以下两个方面着手：一是简化税制设计，坚持征税对资源配置和经济运行都有利；二是精简征收管理，坚持以最省的行政成本，来获取更多的税收收入。因此，在地方税征管程序设计上应简便易行、便捷高效，减少办事程序，精简征收环节，推行科学管理，最大限度地提高征管效率，减少征纳双方成本。

（三）有利于税源控管的原则

一方面，在地方税税种的选择和征税范围的划分上，要与国税征管范围有一个科学、合理、明晰的界定，避免征管的重复交叉给纳税人带来不必要的负担；另一方面，在地方税税目、税率的设置、税额的计算以及减免税审批等征管程序的设计上，要尽可能简化程序、减少环节、简并手续，最大限度地降低征纳双方成本，提高征管效率，便于税源控管。

第二章　我国地方税体系的历史演进与现状分析

作为上层建筑的税收制度是由一个国家的经济和社会体制所决定的。正确认识中国地方税的历史和现状可以为研究我国地方税体系改革和构建提供现实的经验总结，并为我国地方税制改革提供理论基础与现实依据。本章首先回顾了我国地方税体系的历史沿革，分析了每一阶段我国地方税体系的特点，并对我国地方税体系的制度变迁进行了梳理；然后在立足我国地方税体系现状的基础上，对我国现行地方税体系的结构特点以及地方税体系在我国地方财政中的地位和作用等进行了分析；最后指出了当前我国地方税体系存在的主要问题和原因。

第一节　我国地方税体系的历史演进与制度变迁

我国现行地方税制是伴随着中国特色社会主义制度的建立和改革而建立和发展起来的。总体看来，在新中国建国 60 多年的历程中，我国现行地方税制的形成和发展大致经历了五个阶段。在这五个阶段中，税制的发展与我国经济建设的发展进程保持着一致性，但在不同时期地方税也有着不同的作用和功能。

一、新中国成立初期的地方税体系

新中国的税收制度是在 1949 年新中国成立以后，在清理旧中国税收制度以及总结革命根据地税制建设经验的基础上逐步建立的。1949—1953 年是新中国成立初期经济恢复和国家对三大产业进行社会主义改造的过渡时期，这一时期的地方税主要是为当时的经济恢复和社会主义改造服务。

1950 年 1 月，《全国税政实施要则》《关于统一全国税政的决议》和《全国各级税务机关暂行组织规程》等一系列税收法律法规相继颁布，统一了全国税制，建立起新中国的第一套税制。由于当时国家财力极度空虚的特定历史条件，中央政府不得已实行了“高度集中、统收统支”的财政管理体制。地方政府的主要收入依赖于城市开征的城市附加和政教事业费等，根本无法满足地方财政的需要，地方财政困难日益显现。尽管后来根据经济形势进行了多次微调，但地方财力仍然十分薄弱，财权相当有限。

1951 年，中央政府开始在全国实行“统一领导、分级管理”的财政管理体制，将先前实行的“收支两条线”改为“收支挂钩”，地方可以从本地区组织的收入中留用一部分，以充抵自身的财政支出，地方政府有了自身的收支范围。但是地方财力仍然十分薄弱，财权相当有限。

这一时期，在“高度集中、统收统支”的财政管理体制下，税收收入全部归中央所有，地方的主要税种收入过低，所占份额过少。所以，地方的机动财力受到极大制约，可供地方支配的财权几乎没有。从税收分配角度而言，这一时期实际上也就没有地方税收。

二、计划经济时期的地方税体系

随着社会主义改造的顺利进行，从 1958 年开始对税制进行了简化，同时为克服高度集权下的官僚体制弊端，调动地方政府的积极性，进一步分权于地方，中央决定向地方下放部分财权，实行“分类分成”的财政管理体制。

这段时期对地方税的改革以 1958 年和 1973 年的两次改革为主。1958 年我国在简化税制的改革中，将房产税和地产税合并为城市房地产税；1973 年对地方税进行了简化税制改革，由于“左倾”思想的影响，使改革后的税制过于简化，地方税种不成体系，当时的地方税只保留了城市房地产税、车船使用税和屠宰税，由于征收范围十分狭窄，使得地方税收非常有限。

改革开放以前这段时期，我国的地方税制度几乎是一年一变，在不同年份、不同时期都有着不同的特点。这一时期的地方税对于各地方的“五年计划”建设起到了重要的支持和保障作用，对于改善民生也起到一定程度的积极作用。但是由于“左倾”思想和“文化大革命”的影响，地方税在改革中不断被简化，征收范围变得十分狭窄，地方税收入较之前大为减少，地方税的这些功能和作用不断被弱化，地方在经济建设中的积极性难以被调动，地方税对于协调地区经济发展的作用也无法得到发挥。因此，这已成为我国地方税制改革亟待解决的问题。

这一时期，尽管地方获得了一部分财权，但总体上仍然实行的是高度集中的财政管理体制，作为单个税种出现的地方税收基本不存在。因此，地方税制的概念也就无从谈起，没有形成体系的地方税制。

三、改革开放初期的地方税体系

1978 年，党的十一届三中全会决定实行改革开放和经济体制改革。从 1980 年开始，我国开始实行“利改税”。“利改税”使国有企业从“税利并存”过渡到完全的“以税代利”，税收在财政收入中的比重迅速上升，成为主要来源。而且税制结构也发生了重大变化，改变了此前的工商税一税独大格局，税种设置更加多元化，更为均衡，形成了产品税、国有企业所得税、营业税、关税等多税种、多主体的复合税制结构。“利改税”也使进行财政管理体制改革、合理划分中央税与地方税成为可能，为建立和完善地方税创造了条件。

在分级包干财政体制下，虽然划分了地方税种，并且地方税的种类在不断扩大，但仍然不能认为就形成了地方税制。究其原因，一方面是因为地方固定收入中地方税的收入比重太小，对地方财力支撑力极其微弱；另一方面，“分类分成”的财政体制难以执行，实际上仍按照“总额分成”的老办法实施。只有在“分类分成”的财政体制中才划分地方固定收入，而地方固定收入中一般含有地方税种。也就是说，在财政包干体制下，只有在“分类分成”的财政体制内才会产生地方税制。

在改革开放初期，我国地方税体制虽然在一定程度上减轻了地方政府的财政困难，并且调动了地方政府的积极性，但是在这一体制下，地方的财政收入与地方税种多少、地方税收入规模大小并没有必然的联系，在没有实施分税制之前的地方税也只能是有名无实。这一时期，随着税制改革的推进，特别是实行“利改税”后，税收在中央与地方、国家与企业、国家与个人的利益分配中扮演着越来越重要的角色。就税制而言，税种更加多元化，税收的财政职能和宏观调控职能更加突出。与此同时，由于中央与地方财政分配体制，尤其是税收分配体制的变化，部分税种全部或部分地成为地方财政收入的确定来源，出现了财政意义上的地方税种。尽管如此，由于各级财政实行的主要是分级包干的财政体制而非分税制财政体制，即采用“分类分成”与“总额分成”相结合的方式进行财政收入分配，因此，不能称之为真正意义上的地方税制体系，但确实是分税制改革前的地方税制的雏形。

四、社会主义市场经济体制下的地方税体系

1994 年，我国实施了影响深远的分税制财税体制改革，同时进行了税制改革。社会主义市场经济体制下的公共财政框架的逐步建立，要求对我国税收制度和管理体制进行一次深刻的变革，建立起一套“统一税法、公平税负、简化税制、合理分权、理顺分配关系、规范分配方式”的适合社会主义市场经济要求的税制体系。

（一）分税制的建立与完善

从 1994 年 1 月 1 日起我国开始实行在财政和经济发展史上具有里程碑意义的分税制财政管理体制改革。按照事权与财权相结合的原则，依据中央与地方事权和支出责任，将税种按属性划分为中央税、地方税以及中央和地方共享税三种类型。（见表 2–1）

表 2–1　1994 年分税制改革时中央与地方税种（收入）划分

中央税	地方税	中央和地方共享税
关税 海关代征进口环节消费税和增值税 中央企业所得税 地方银行和外资银行及非银行金融企业所得税 铁道部门、各银行总行、各保险总公司等集中交纳的收入（包括营业税、所得税、利润和城市维护建设税） 中央企业上缴利润、消费税	营业税（不含铁道部门、各银行总行、各保险总公司集中交纳的营业税） 地方企业所得税（不含上述地方银行和外资银行及非银行金融企业所得税） 地方企业上缴利润 个人所得税 城镇土地使用税 固定资产投资方向调节税 城市维护建设税（不含铁道部门、各银行总行、各保险总公司集中交纳的部分） 房产税、车船使用税、印花税、屠宰税、农牧业税、对农业特产收入征收的农业税（简称农业特产税） 耕地占用税、契税、遗产和赠予税、土地增值税、国有土地有偿使用收入	增值税（中央 75%，地方 25%） 资源税（海洋石油企业归中央，其他的归地方） 证券交易税（中央地方各 50%）

资料来源：国发〔1993〕第 85 号：国务院关于实行分税制财政管理体制的决定。

与分税制财政体制改革相配套，1994 年我国工商税制进行了重大改革。具体改革内容包括以下几个方面：

——改革所得税。一是统一内资企业所得税；二是简并个人所得税。改革的主要内容包括：增加应税项目、调整税率、调整费用扣除额、采用统一的计算征收办法。

——改革流转税。合并工商统一税、产品税、营业税、增值税，形成了增值税、营业税、消费税三税并立的流转税制体系。其中，增值税在生产和流通环节普遍开征，同时选择少数消费品、奢侈品征收消费税，对提供一般劳务服务、转让无形资产、销售不动产仍然开征营业税。

——其他税种改革。一是开征土地增值税；二是对资源税和农业特产税进行了微调；三是取消和简并了一些税种。

分税制改革的实施，使中央与地方间的财政分配关系以及全国财政体制得到了规范和统一，使中央与地方间财政收入的相互挤占减少，并大大减少了原来财政体制下分成的随意性和不固定性，使系统、完整的地方税制得以确立，地方税收入更为稳定。

随着改革的不断深化和国际形势的发展变化，中央对1994年分税制改革和税制改革时建立起来的税收分配体制以及中央和地方税种的划分进行了必要的调整和完善。2003年以后，税制改革按照“简税制、宽税基、低税率、严征管”的基本原则稳步进行，税制的变化对地方税制产生了微妙影响。

1. 税制调整

取消部分地方税，如在全国范围内取消农业税、取消固定资产投资方向调节税等。另外，对企业所得税和个人所得税也进行了修改和完善。

2. 税收分配政策调整

在财政管理体制方面，调整了共享税收入的分成比例，对地方税制有较大影响。

（1）实施所得税收入分享改革

改革的基本原则是：采取循序渐进的方式，在保障地方既得利益的前提下，统一全国的所得税分享范围和比例，同时中央因改革增加的收入全部用于对中西部地区的转移支付。

（2）调整金融业税收分配政策

主要是对证券交易印花税的分享比例以及金融保险营业税收入划分进行了调整。

我国“营改增”前分税制体制下中央与地方税种（收入）划分见图2-1。

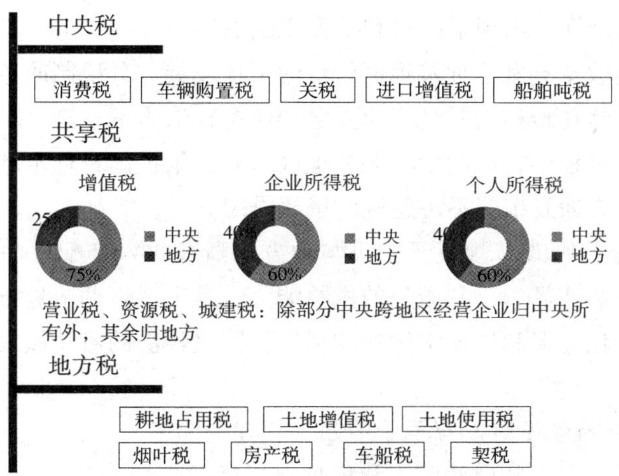

图2-1　我国“营改增”前分税制体制下中央与地方税种（收入）划分

（二）分税制改革对我国地方税体系建设的意义

1994 年的分税制改革规范和理顺了中央和地方的收入分配关系，在我国税收管理的法制化建设以及统一政府预算、增加财政收入、平衡地区间财政收入差距等方面都有重大突破，具有里程碑的意义。

分税制使地方政府有了稳定的财政收入来源，中央财政长期被动的局面也得到了彻底的扭转，有力地保证了中央对我国经济发展全局的调控。我国地方税体系在 1994 年的分税制改革后取得了重大的进步，地方税已成为了地方政府稳定的、主要的收入来源。地方税的这种变化对于保障地方经济建设的健康发展、协调地区内部的经济建设起到了重要的作用，并且也调动了地方政府吸引外资和投资的积极性，对于提高地区公共产品的数量和质量都起到了重要作用。

1. 分税制改革规范了中央与地方的财政收入分配秩序

首先，分税制改革规范了政府间的收入范围。由于按税种划分收入归属，中央和地方的收入范围得到了明确。通过设立国家税务局和地方税务局两套税务机构分别征税，增强了各自税收收入的征管能力。各自的收入弹性空间扩张有了制度依据和机构保证，为各级政府根据事权划分规则筹措收入、使用收入奠定了基础。

其次，分税制改革重新划分了政府间的事权和职责。在原有体制下，事权没有严格界定，各级政府不清楚各自的职责范围，支出混乱。分税制改革则理清了这一问题，清楚了谁该干什么的问题。

第三，分税制改革调整与理顺了政府间的财政收入分配秩序。1994 年的分税制改革突破了“大包干”的财政管理体制，确立的分税制的基本框架极大地调动了各级政府组织收入的积极性，出现了中央和地方双赢的局面。

第四，分税制改革有利于促进地区经济的平衡发展。分税制改革后，我国建立了转移支付制度。虽然在转移支付制度建立之初还存在诸多不合理、不科学的因素，但在此后不断完善的过程中，该制度在调节地区差异、维护国家稳定和统一、实现“公共服务均等化”等方面发挥了不可忽视的重要作用。

实践证明，分税制改革规范了中央与地方的财政收入分配秩序，增强了中央的宏观调控能力和公共产品、公共服务的供给能力，为进一步调节地方社会经济发展差距，促进资源的优化配置和产业结构的调整以及国民经济的可持续发展提供了充足的财力保证。

2. 分税制改革加强了财政与税收的法制化建设

在原有体制下，我国的财政制度和税收制度都存在着一定的多样性和随意性。比如，在“大包干”的财政体制下，不同地区实行不同的办法，有实行“收入递增包干”

的，有实行“上解额递增包干”的，有实行“定额上解”“定额补助”的，还有实行“总额分成”“总额分成加增长分成”的。各地随意减免税收，致使财政收入减少。这都表明我国在财政体制和税收制度方面的法制化水平较低。1994 年分税制财政管理体制改革后，我国在财政与税收方面的法制化水平大大加强了。

首先，改革后分税制财政管理体制成为全国统一的、规范的财政管理体制，取消了各地各自为政的“包干体制”，各地区不再有其他形式或不同的办法；其次，对各地减免税政策的清理整顿和管理权限的相对集中，从法制上堵住了地方政府随意减免税收和挤占中央收入的漏洞，规范了税收减免程序；最后，分设国家税务局和地方税务局。各地的国家税务局由国家税务总局统一垂直管理，有利于减少地方政府对税收征管工作的干预，有利于税务部门相对独立地依法征税，促进税收征管越来越走向法治化，进一步强化了财政与税收的法制化建设，其历史意义重大。

五、“营改增”背景下的地方税体系

（一）“营改增”的背景

1. 营业税不利于我国现代服务业的发展

我国营业税设立于 20 世纪 80 年代改革开放初期，当时经济发展水平较低，服务业相对落后，主要以提供传统的生活性和消费性服务为主。尽管后来为适应社会的发展变化进行了一定的政策修订，但没有进行大的制度变革。因此，我国的营业税制是建立在传统服务业基础上的税制。❶

随着我国经济发展步伐加快以及产业结构调整与升级，尤其是现代服务业的迅猛发展，建立在传统服务业基础上的营业税制难以适应现代服务业的发展对税制的要求。随着社会的发展，服务业内部、不同的服务业之间以及服务业与制造业产业融合的发展，使产业边界变得越来越模糊，使我国服务业的征税管理也变得越来越困难，矛盾越来越突出。

此外，我国现行营业税对服务贸易出口和进口同时课税，导致出口国和进口国同时课税，使服务贸易承担了双重营业税，加重了服务贸易出口的税收负担，增加了服务贸易出口成本，制约了服务贸易出口。

2. 推进服务业增值税改革的重大意义

通过营业税改征增值税来消除重复征税，对产品和服务实行统一增值税制度，不但是我国工商业和服务业税制改革的主要内容和发展要求，也是世界税制改革的共同趋势。

❶ 胡怡建．推进服务业增值税改革 促进经济结构调整优化[J]．税务研究，2011（6）．

增值税是近代税制发展到一定阶段的必然产物。自法国首先实行增值税以来，增值税改革在世界各国被普遍推行，成为世界性税制改革的潮流。目前，已经有 170 多个国家和地区开征了增值税。在 25 个 OECD 成员国中，除美国外，其他 24 个国家均实行增值税。目前，占世界 70% 的人口生活在征收增值税的国度，增值税收入基本相当于所有政府收入的 1/4。

增值税所具有的优良财政收入能力、中性、高效率和较低的累退性等特征，是增值税能够取代多环节全额课税、重复课税、管理混乱、具有扭曲性和低效率税种的关键，也是吸引各国在商品和服务领域全面推行增值税的主要原因。在日益国际化、一体化的全球经济中，增值税所具有的宽税基、消除重复课税等优点日益突出。增值税不仅顺应各国产业结构调整和专业化协作发展，同时也顺应了国际分工、协作，对国际经济发展产生越来越重要的影响。

消除制约服务业经济发展的制度性障碍，有利于我国服务业的发展和经济崛起，有利于转变经济发展方式，促进我国由制造业大国向服务业大国历史性的跨越与转变。

（二）“营改增”对我国地方税体系的影响

为促进我国服务业发展和产业结构升级，完善税制，减轻企业税负，提振我国经济，我国政府提出了结构性减税的发展战略，而“营改增”是落实结构性减税的重头戏。

据国家税务总局统计，自 2012 年实施营改增以来，截至 2017 年底，已累计减税近 2 万亿元，有力保障了经济社会发展财力需求，促进了我国经济结构优化升级。

作为地方政府主体税种，营业税自设立以来，就为地方政府提供了稳定的税收来源，在所有税种中营业税的贡献也位列前茅，并逐渐成为三大主体税种（营业税、增值税、企业所得税）。国家统计局数据显示，2014 年我国税收收入达 119158.05 亿元，其中营业税收入为 17781.62 亿元，在 18 个税种中，营业税收入占比达 14.92%，仅次于所得税和增值税。随着“营改增”的完成，营业税取消后，地方税体系将受到很大影响，地方财政收入将大幅减少，收支缺口进一步扩大，地方政府面临的财政压力将会陡增。这将直接导致地方经济增长阻力增加、公共物品和公共服务的投入不足程度扩大，产业政策实施弱化，地方财政风险增多，财政风险规模扩大。为弥补“营改增”后地方财政收入的下降，地方政府将会寻求预算外、制度外收入，给本不完善的地方税体系造成很大冲击。尽管试点期间，目前“营改增”的收入仍然归地方所有，但这只是过渡政策，从税制优化角度看，这种格局并不能长久。

营业税改征增值税是我国经济发展到一定历史阶段的必然产物，也是大势所趋。目前，在增值税全面扩围的大趋势下，我国主要以营业税为主体税种，以资源税、房产税、耕地占用税和契税等零星税种为补充的地方税制结构体系受到严重挑战，地方财力的压力前所未有，现有的地方税体系难以为继，必须尽快对现有的税制体系进行改革，对我国的地方税体系进行优化和重构。

第二节 我国地方税体系的现状分析

1994 年以来的各项税制改革，使得我国的税制体系不断趋于完善，在充分发挥中央和地方两个积极性、调整经济结构等方面起到了一定的作用，但是不可否认的是，我国现行的税制体系，尤其是地方税体系，还存在许多问题和不足，需要进一步改进和完善。

一、现行地方税体系税种构成

我国现行地方税体系是在分税制的基础上，经过历年不断地改革逐渐形成的。虽然近 20 年来经历了多次调整，但基本框架没有大的改变。

按照本书对地方税的宽口径定义，营改增前，我国的地方税共有 14 个税种，其中包括 11 个地方专有税种：营业税、城镇土地使用税、房产税、资源税、耕地占用税、印花税、土地增值税、车船税、契税、烟叶税、城市维护建设税。此外，还包括 3 个中央和地方共享税：增值税、企业所得税、个人所得税。共享税划归为地方的部分是地方税体系的有机组成部分。

二、地方税收入规模与结构

税改以来，随着经济和社会的不断发展，我国地方税收入呈现稳步增长趋势，2014 年我国地方税收入达 59139.91 亿元（见表 2-2）。

表 2-2 我国地方税收入规模

单位：亿元

指 标	2007 年	2008 年	2009 年	2010 年	2011 年	2012 年	2013 年	2014 年
地方税收收入	19252.12	23255.11	26157.43	32701.49	41106.74	47319.08	53890.88	59139.91
地方国内增值税	3867.62	4499.18	4565.26	5196.27	5989.25	6737.16	8276.32	9752.33
地方营业税	6379.51	7394.29	8846.88	11004.57	13504.44	15542.91	17154.58	17712.79
地方企业所得税	3132.28	4002.08	3917.75	5048.37	6746.29	7571.6	7983.34	8828.64
地方个人所得税	1273.78	1488.08	1582.54	1934.3	2421.04	2327.63	2612.54	2950.58

续 表

指　标	2007 年	2008 年	2009 年	2010 年	2011 年	2012 年	2013 年	2014 年
地方资源税	261.15	301.76	338.24	417.57	595.87	855.76	960.31	1039.38
地方城市维护建设税	1148.7	1336.3	1419.92	1736.27	2609.92	2934.76	3243.6	3461.82
地方房产税	575.46	680.34	803.66	894.07	1102.39	1372.49	1581.5	1851.64
地方印花税	316.6	361.61	402.45	512.52	616.94	691.25	788.81	893.12
地方城镇土地使用税	385.49	816.9	920.98	1004.01	1222.26	1541.71	1718.77	1992.62
地方土地增值税	403.1	537.43	719.56	1278.29	2062.61	2719.06	3293.91	3914.68
地方车船税	68.16	144.21	186.51	241.62	302	393.02	473.96	541.06
地方耕地占用税	185.04	314.41	633.07	888.64	1075.46	1620.71	1808.23	2059.05
地方契税	1206.25	1307.54	1735.05	2464.85	2765.73	2874.01	3844.02	4000.7
地方烟叶税	47.8	67.45	80.81	78.36	91.38	131.78	150.26	141.05
地方其他税收收入	1.18	2.27	4.76	1.77	1.16	5.22	0.73	0.45

数据来源：国家统计局网站。

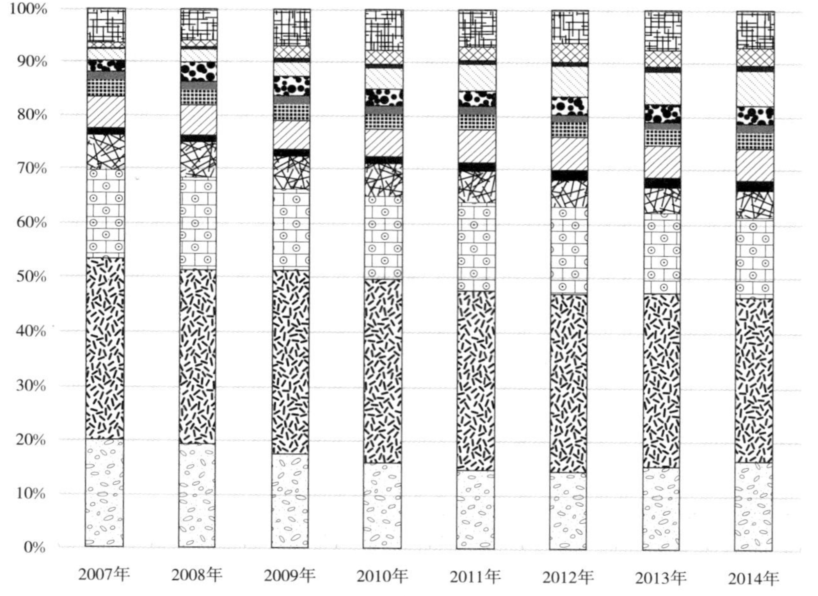

图 2-2　我国地方税收入结构

数据来源：国家统计局网站

注：烟叶税和地方其他税收收入占比过小，无法在图中显示。

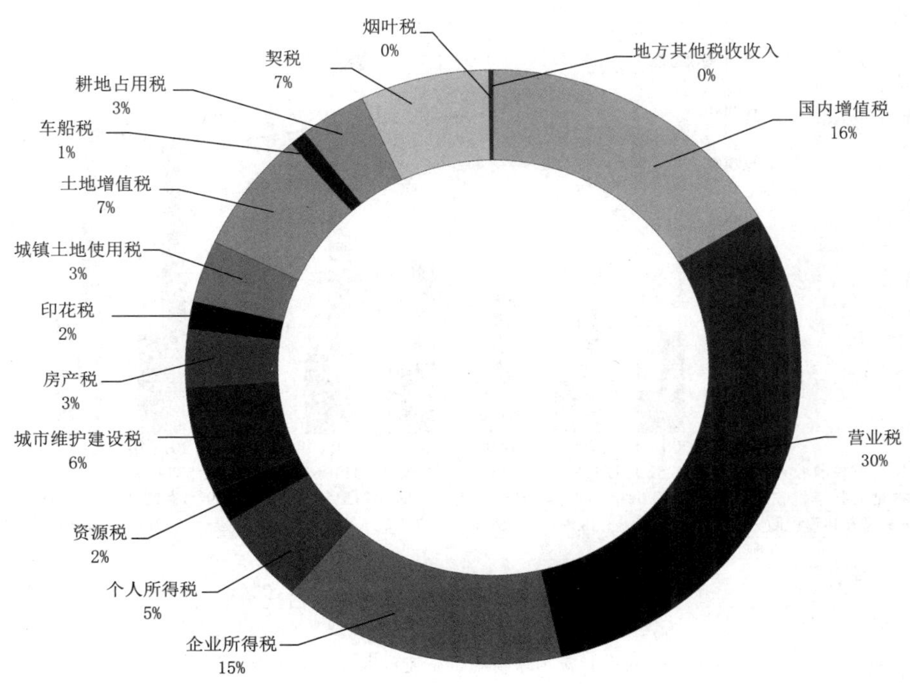

图 2-3 我国地方税收入结构（2014 年）

数据来源：国家统计局网站

注：烟叶税和地方其他税收收入占比过小，无法在图中显示。

如图 2-2 和图 2-3 所示，从我国地方税收入结构看，营业税理所当然是我国地方税第一大税种，其次是国内增值税和企业所得税，这三种税合计占全部地方税收入的 60% 以上，其他一些零散的小税种仅占全部地方税收入的不到 40%。小税种里面契税、耕地占用税、土地增值税、城市维护建设税占比较大，其中耕地占用税、土地增值税近年来增幅比较明显，说明近年来地方政府的与土地有关的税收收入呈上升趋势。

我国目前地方税税制结构中，三大主要的共享税（国内增值税、企业所得税、个人所得税）比重近年来虽呈下降趋势，但一直维持在 35% 以上的高位（见图 2-4），表明了共享税在我国目前地方税体系中的重要地位，同时也说明在我国现行地方税体系中，地方与中央分享的共享税比重过高，地方自有税种的筹资能力明显不足，地方财政过于依赖共享税收入，地方税体系不健全，难以支撑地方所承担的支出责任。

图 2-5 表明，自 1994 年税改以来，营业税占地方税收入比重虽呈下降趋势，但一直保持在 30% 以上的高位，其中 2004 年至今的占比一直稳定在地方税总收入的 1/3 左右，凸显了营业税作为我国地方税主体税种的地位。

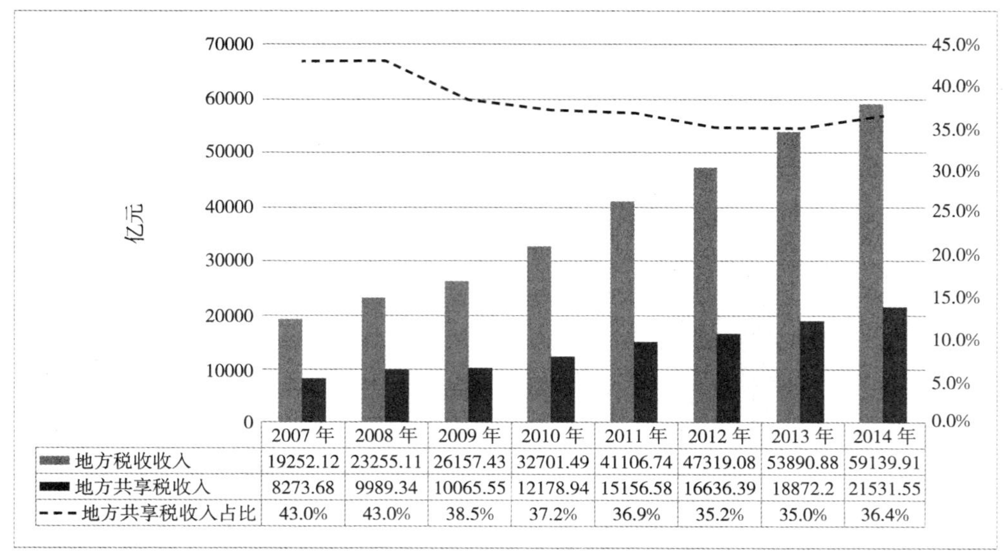

	2007 年	2008 年	2009 年	2010 年	2011 年	2012 年	2013 年	2014 年
地方税收收入	19252.12	23255.11	26157.43	32701.49	41106.74	47319.08	53890.88	59139.91
地方共享税收入	8273.68	9989.34	10065.55	12178.94	15156.58	16636.39	18872.2	21531.55
地方共享税收入占比	43.0%	43.0%	38.5%	37.2%	36.9%	35.2%	35.0%	36.4%

图 2-4　地方共享税收入规模及占比

数据来源：国家统计局网站

注：共享税包括国内增值税、企业所得税、个人所得税。

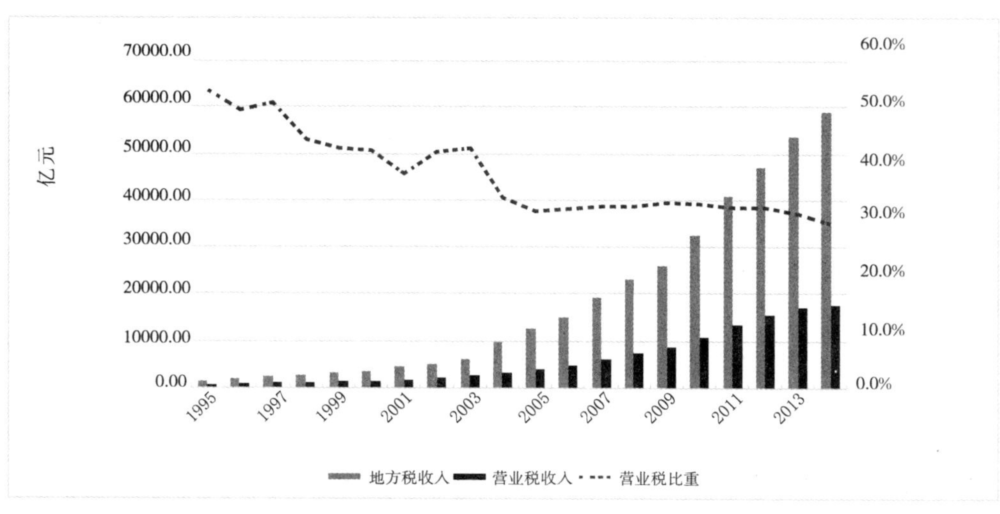

图 2-5　我国地方税收入与营业税收入规模及占比

数据来源：国家统计局网站。

三、地方财政收支分析

如图 2-6 所示，自 1994 年税制改革以来我国地方税收入占地方财政收入的比重长期保持在 70% 以上，地方税在地方财政收入中的地位不言而喻。值得注意的是，尽管我国地方税税收收入和地方政府财政收入均稳步增长，地方税税收收入占地方政府财政收入的比重却在呈现逐年下降的趋势。出现这种现象的原因，一方面是出于刺激经济的需要，税收优惠政策的不断出台使地方税收入增长相对放缓；另一方面是地方财政支出的刚性需求倒逼地方政府采取地方税以外的途径取得地方财政收入。

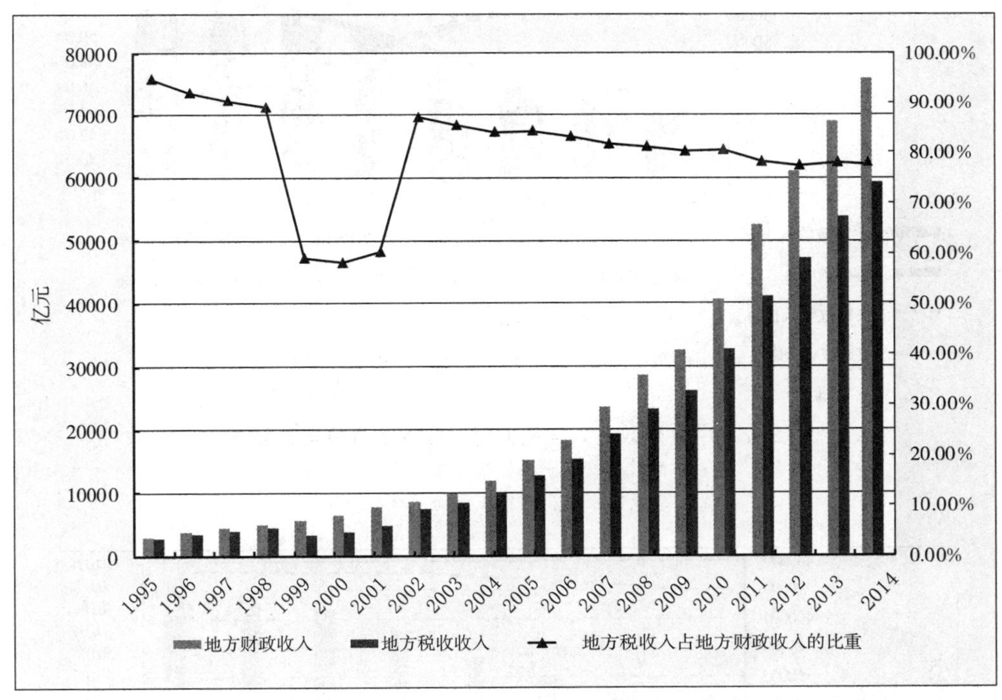

图 2-6 地方税收入占地方财政收入的比重

数据来源：国家统计局网站。

（一）地方政府支出责任

（1）中央与地方财政收入与财政支出的变化。从财政收入来看，中央与地方的财政收入各自占全国财政收入的比重大体上维持在 50% 上下，自 2010 年以来地方财政收入的比重开始超过中央财政收入的比重（如图 2-7 所示）。从财政支出来看，地方财政支出一直保持在全国财政支出 70% 以上的高位，并呈逐年上升的态势，而中央财政支出的比重不到30%，且逐年下降。2014年中央财政支出的比重仅为14.9%，而地方财政支出的比重则为85.1%，地方财政支出是中央财政支出的5.7倍（见图2-8）。地方财政支出大大高于中央财政支出规模，表明地方政府承担着越来越多的支出责任，尤其是在基础设施建设、社会保障、民生服务等方面的社会经济职能和责任在不断扩大。从图2-7与图2-8可以看出，我国中央与地方的财政收入与财政支出不匹配，地方财政收支失衡比较严重。

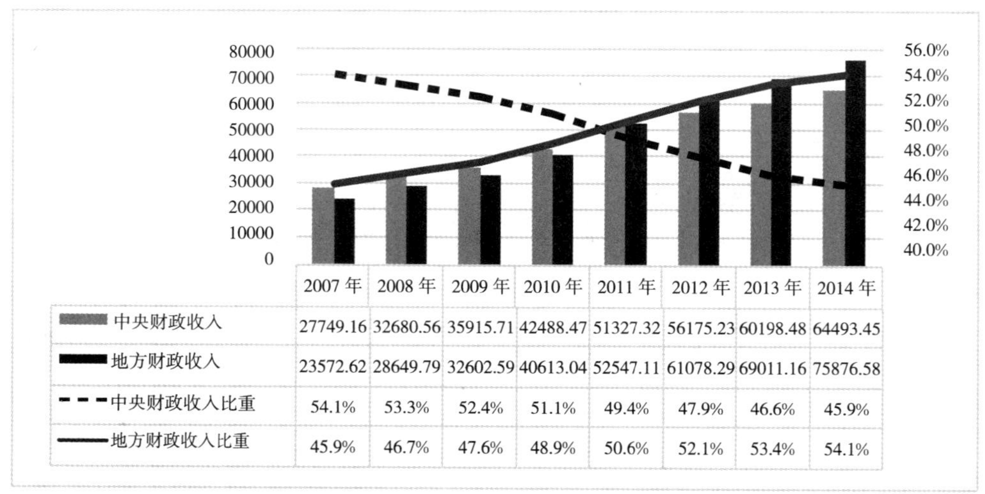

	2007年	2008年	2009年	2010年	2011年	2012年	2013年	2014年
中央财政收入	27749.16	32680.56	35915.71	42488.47	51327.32	56175.23	60198.48	64493.45
地方财政收入	23572.62	28649.79	32602.59	40613.04	52547.11	61078.29	69011.16	75876.58
中央财政收入比重	54.1%	53.3%	52.4%	51.1%	49.4%	47.9%	46.6%	45.9%
地方财政收入比重	45.9%	46.7%	47.6%	48.9%	50.6%	52.1%	53.4%	54.1%

图2-7 中央财政收入与地方财政收入的规模与比重变化

注：财政收入中不包括国内外债务收入

数据来源：国家统计局网站。

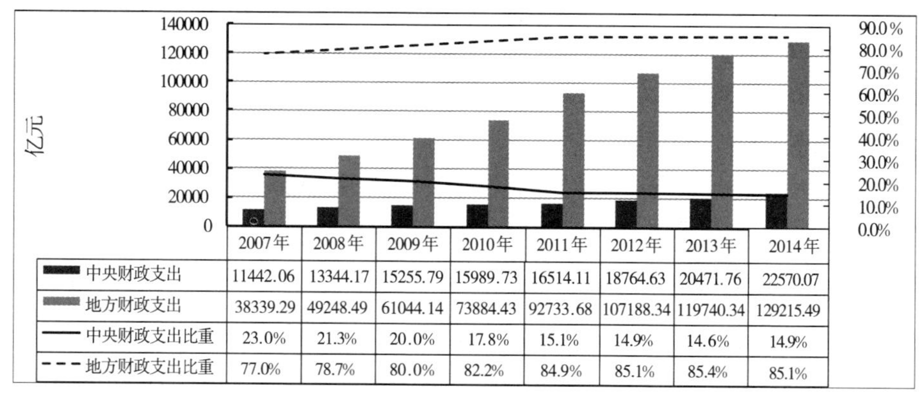

	2007年	2008年	2009年	2010年	2011年	2012年	2013年	2014年
中央财政支出	11442.06	13344.17	15255.79	15989.73	16514.11	18764.63	20471.76	22570.07
地方财政支出	38339.29	49248.49	61044.14	73884.43	92733.68	107188.34	119740.34	129215.49
中央财政支出比重	23.0%	21.3%	20.0%	17.8%	15.1%	14.9%	14.6%	14.9%
地方财政支出比重	77.0%	78.7%	80.0%	82.2%	84.9%	85.1%	85.4%	85.1%

图2-8 中央财政支出与地方财政支出的规模与比重变化

数据来源：国家统计局网站。

（2）地方财政支出规模及增长变化。如图 2-9 所示，2007—2014 年我国地方财政支出以每年超过 10% 的速度增长，其中，2012 年以前的增长比例在 20% 以上，2012 年以后呈下降趋势。2014 年我国地方财政支出金额达到 129215.49 亿元，是 2007 年财政支出的 3 倍多。

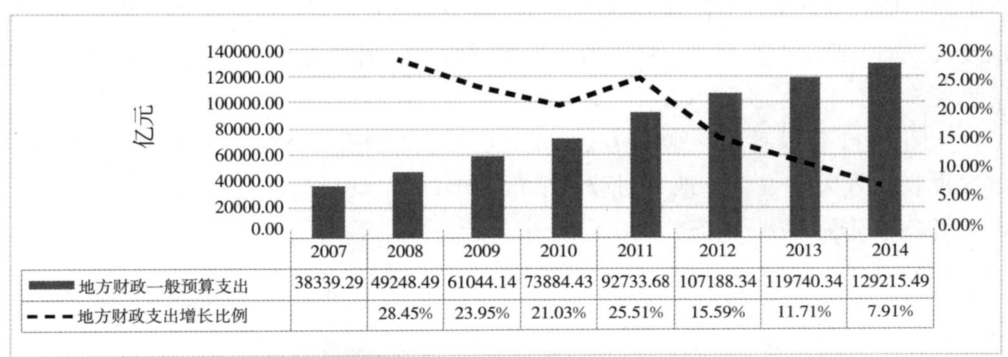

	2007	2008	2009	2010	2011	2012	2013	2014
地方财政一般预算支出	38339.29	49248.49	61044.14	73884.43	92733.68	107188.34	119740.34	129215.49
地方财政支出增长比例		28.45%	23.95%	21.03%	25.51%	15.59%	11.71%	7.91%

图 2-9　地方财政支出规模及增长比例变化

数据来源：国家统计局网站

（3）地方政府财政支出结构。从地方政府财政支出结构来看（见图 2-10），地方政府财政支出范围广、项目多，绝大部分用于一般公共服务、地方教育、社会保障和就业、城乡社区事务、农林水事务等的支出。近年来，地方政府在交通运输等方面的支出规模增加幅度较大，一般公共服务的支出规模有小幅下降，其他方面的支出规模基本维持不变。

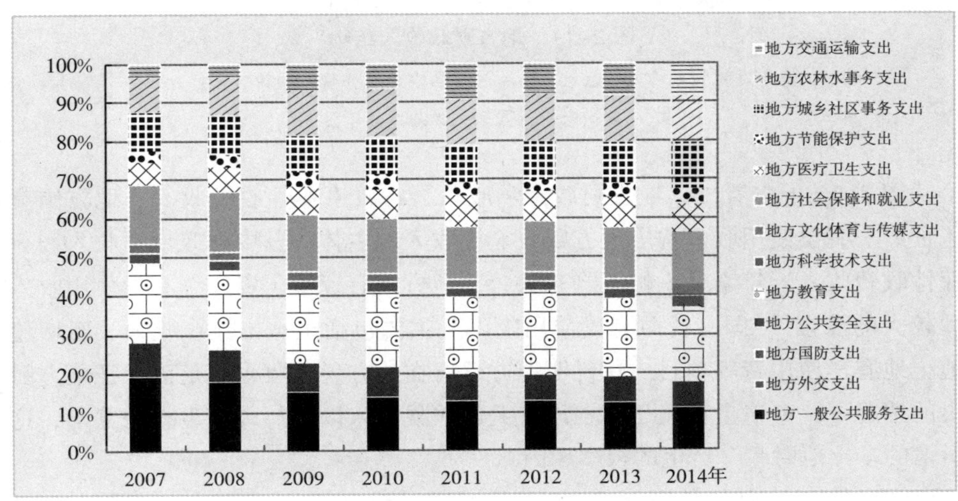

图 2-10　地方财政支出结构

注：“地方国防支出”和“地方外交支出”由于占比过小，在图中无法显示

数据来源：国家统计局网站。

（二）地方政府财政收入结构

1. 地方财政收入构成

税收收入是地方政府财政收入的主要来源，地方税收包括纯粹的地方税以及共享税中划归地方的部分。除了税收收入以外，地方政府的财政收入还包括一定数目的非税收入，如行政事业性收费、罚没收入、专项收入、国有资本经营收入、国有资源使用收入等。

从图 2-11 可以看出，地方税收收入是地方政府财政收入的主要来源，目前我国地方税收收入大致占整个地方财政收入的 80%，而非税收入虽占比仅为 20% 左右，但近年来呈现逐年增长的态势。

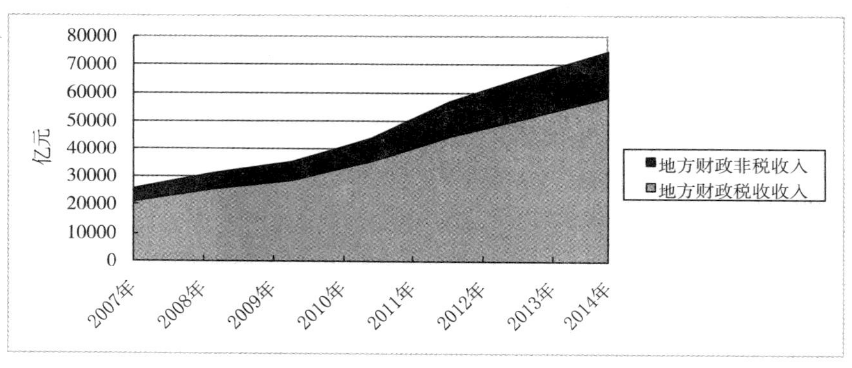

图 2-11 地方财政收入结构

注：地方财政收入均为本级收入，不包括国内外债务收入和转移支付收入。

数据来源：国家统计局网站。

从图 2-12 可以看出，地方财政专项收入、行政事业性收费收入、地方国有资源（资产）有偿使用收入构成地方财政非税收入的主体，其中财政专项收入和行政事业性收费收入近年来呈小幅下降态势，而地方国有资源（资产）有偿使用收入则呈现较大的涨幅。“国有资源有偿使用收入”主要包括土地出让金收入、新增建设用地土地有偿使用费等项目，这说明地方政府在地方税收收入不足以保证地方财政支出的情况下，愈来愈依赖于与土地有关的非税收入以维持政府事权的支出，这也是所谓的“土地财政”产生的根本原因。

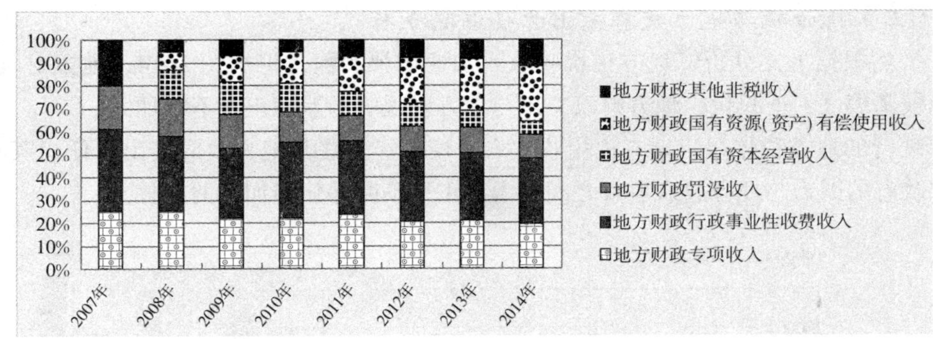

图 2-12　地方财政非税收入结构 [1]

数据来源：国家统计局网站。

2. 地方税增长情况

自 1994 年税改以来，我国地方税税收收入呈较快增长趋势，除 1999 年是负增长以外，其他年份都保持了 10% 以上的增长率。最近十年来的地方税增长幅度基本保持在 20% 左右（见图 2-13）。

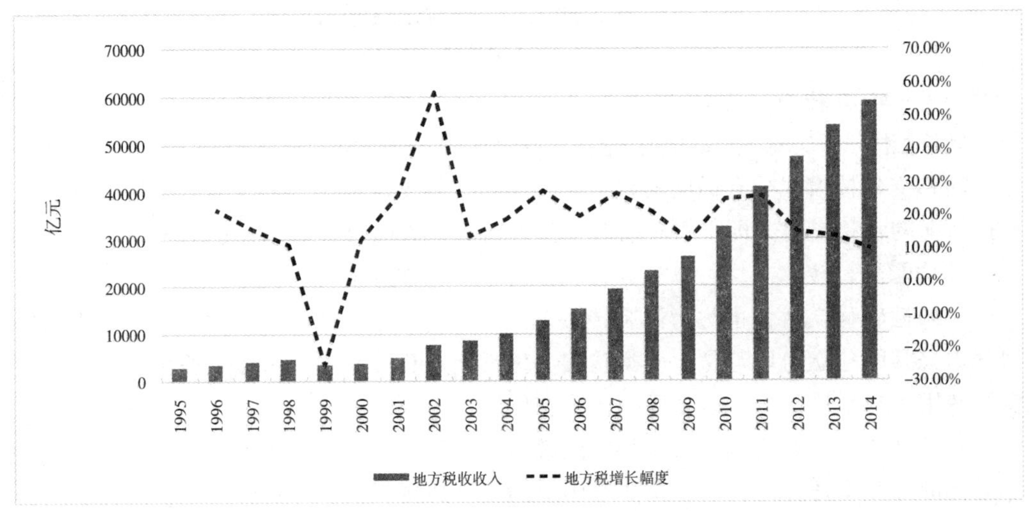

图 2-13　地方税收入增长变化

数据来源：国家统计局网站。

[1] “国有资产有偿使用收入”主要包括国有部门固定资产和无形资产出租、出售、出让、转让等取得的收入等。“国有资源有偿使用收入”主要包括土地出让金收入、新增建设用地土地有偿使用费的收入等。（资料来源：百度百科）

（三）地方税与地方政府支出责任匹配分析

虽然根据上文分析，地方税税收收入加速增长，但是根据图 2–14，地方财政支出规模基数大，增长快。地方财政支出与地方税税收的差额正在不断加大。

现行的地方税体系，地方税税收收入规模已经无法与地方政府支出责任相匹配，地方政府的财力与地方政府事权之间的矛盾正呈不断深化和加剧的趋势。

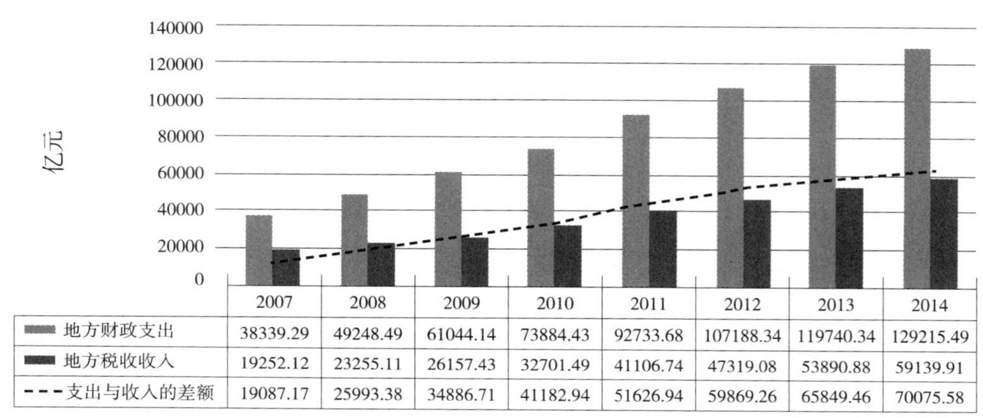

	2007	2008	2009	2010	2011	2012	2013	2014
地方财政支出	38339.29	49248.49	61044.14	73884.43	92733.68	107188.34	119740.34	129215.49
地方税收收入	19252.12	23255.11	26157.43	32701.49	41106.74	47319.08	53890.88	59139.91
支出与收入的差额	19087.17	25993.38	34886.71	41182.94	51626.94	59869.26	65849.46	70075.58

图 2–14　地方税收入与地方财政支出对比

数据来源：国家统计局网站。

（四）我国转移支付现状分析

转移支付是解决地方财政收支失衡，实现地区公共财政均等化的一种有效手段和方式。

转移支付按模式分有纵向转移支付和横向转移支付两种。通常所称的转移支付一般指纵向的转移支付，即中央政府对地方政府的单方面财政补助，也称为财政拨款。

按功能分，转移支付可以分为一般性转移支付和专项转移支付。

一般性转移支付，也称为体制转移支付，目的是缩小地区间财力差距，实现地区间基本公共服务能力均等化。此类转移支付不规定具体用途，由接受拨款的政府自主安排使用。它是最基本、最主要的转移支付形式。

专项转移支付是为实现某种特定的政策经济目标或专项任务，由上级财政提供的专项补助。此类转移支付主要服务于中央的特定政策目标，中央政府规定了转移支付资金的用途与使用范围，专款专用，不可以用于其他用途。

近年来，为适应我国经济和社会发展的需要，中央对地方的转移支付资金逐年增长。2014 年我国转移支付总量达到 46509.49 亿元，占同期地方财政收入的 61%。从图 2–15 可以看出，近年来，我国中央政府对地方的转移支付力度一直较大，转移支付占地方财政收入的比例一直维持了 60% 以上的高位。这反映了转移支付在维持地区均衡发展、促进公共服务均等化等方面所发挥的不可忽视的重大作用，同时也反映了由于地方税体系不健全所导致的地方自我造血功能不完善而造成地方财力不足以满足地方支出责任需要的缺陷与弱点。

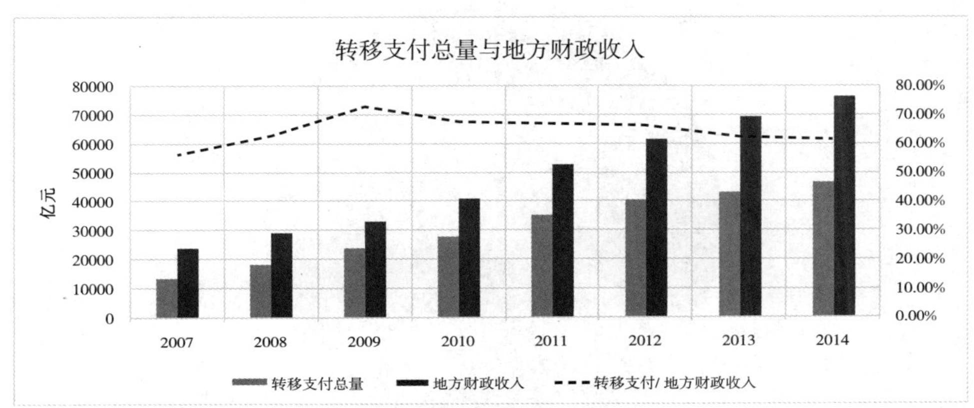

图 2–15　我国转移支付总量与地方财政收入

数据来源：国家统计局网站、财政部网站。

近年来，中央政府逐步降低对地方的专项转移支付规模，同时增加对地方的一般性转移支付力度，目前我国的专项转移支付与一般性转移支付之比在 70% 左右，从 2008 年后呈不断下降的趋势（见图 2–16）。

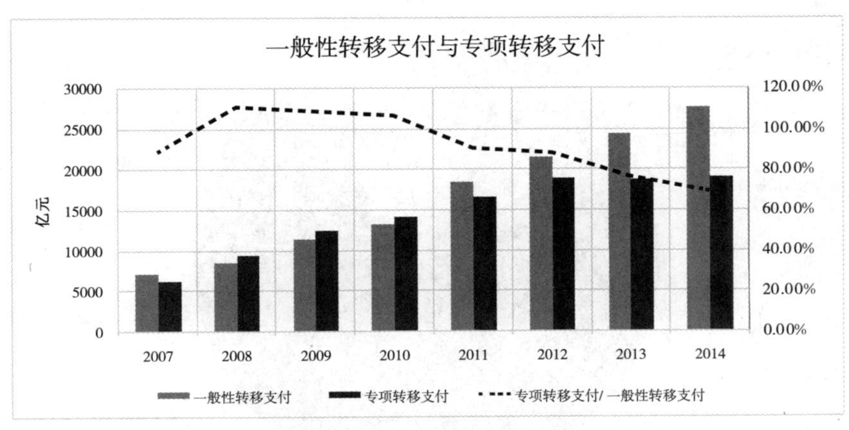

图 2–16　一般性转移支付与专项转移支付

数据来源：财政部网站。

从我国转移支付的结构来看，一般性转移支付主要用于均衡性转移支付、基本养老金和低保等转移支付、固定数额补助等项目（见图 2–17）。其中均衡性转移支付占主导地位，体现了中央政府促进地区均衡发展、公共服务均等化的政策意图。

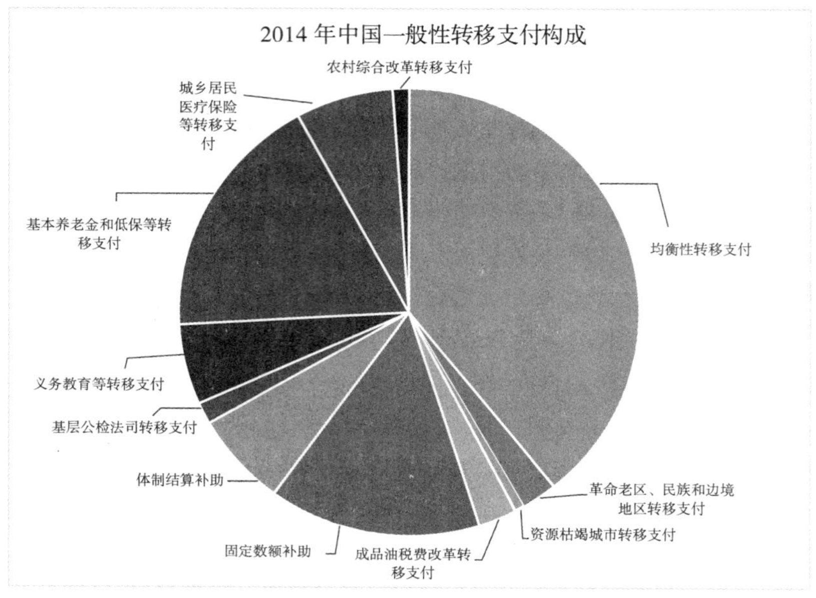

图 2-17　2014 年我国一般性转移支付构成

数据来源：财政部网站。

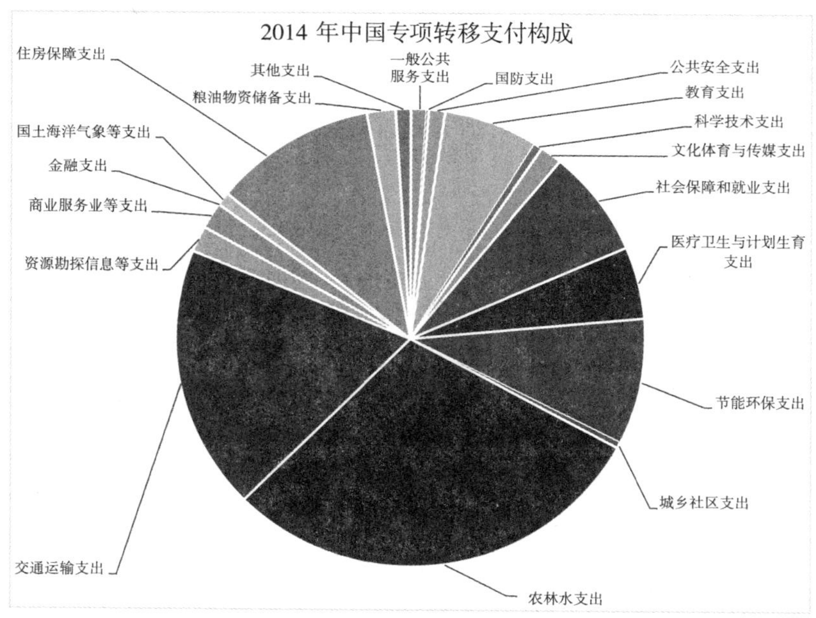

图 2-18　2014 年我国专项转移支付构成

数据来源：财政部网站。

专项转移支付主要用于农林水支出、交通运输支出、节能环保支出、住房保障支出等项目（见图 2-18），表明中央在促进地方基础建设和保障民生方面的政策意图。

第三节　“营改增”对我国地方税体系的影响效应分析

“营改增”是我国自 1994 年分税制改革以来最大的一次税制改革，对我国现行地方税体系产生了深刻影响。为了解“营改增”对我国地方税体系的影响和冲击程度，需要对“营改增”所带来的影响进行量化分析和测算。

一、模拟测算方法

对增值税扩围改革所产生的经济效益进行分析，通常主要有总计法、产业部门法和投入产出法等三种估算方法，理论上三种不同方法计算的结果相同。本书将选用投入产出法进行测算。本节的目的主要在于分析“营改增”对我国地方税收入和财力的影响，目前能够获取的最新数据是 2010 年的中国投入产出表，因此，本节将依据 2010 年中国投入产出表中相关数据估算增值税扩围效应。

由于本次扩围改革涉及投入产出表中的 17 个相关部门，因此采用这 17 个相关部门的投入产出数据进行测算应该缴纳的营业税理论值、营业税改征增值税后应该缴纳的增值税理论值，最终测算出“营改增”税制改革对我国地方财力产生的影响效应。

《2010 年中国投入产出表》中将产业部门分为 42 种，其中属于增值税征收范围的有 26 种，因为零售环节在直接出售给最终消费者时征收零售销售税（零售税），此时不予考虑批发零售业的增值税，而作为中间产品再次投入生产时可以进行抵扣，此时仍按增值额税率的 17% 估算。[1]属于营业税征收范围的有 16 种，假设 16 种产业全都进行“营改增”，其中教育和卫生、社会保障、社会福利业属于免税产业。

一般情况下，现行服务业营业税在征收时以营业额全额为计税依据，部分特定情况下把营业收支差额作为计税依据。本书在只知道总产出情况下，将总产出作为营业额，按全额作为计税依据模拟测算。

[1] 根据本书的设计方案，将零售环节增值税改为零售销售税（零售税），并打造成为地方税主体税种。因此，在考察“营改增”对我国地方财力的影响效应时，不考虑批发零售业的增值税。见本书第四章相关内容。

目前我国增值税纳税人按生产经营规模及财务核算健全程度分为一般纳税人和小规模纳税人。对增值税一般纳税人采用的计税方法是国际上通行的购进扣税法，即当期销项税额减去当期购进项目已经缴纳的税款，间接计算出当期增值额部分应缴纳的增值税税额；小规模纳税人采用简易征收办法。营业税为价内税，而增值税为价外税，计算时营业税销售额应转化为不含税销售额。因此，扩围改革后在计算增值税时要将服务业的含税营业额换算成不含税销售额。另外，由于我国的增值税制已由生产型改为消费型，购进的固定资产价值中所含税款应该在计算时一并扣除。本章在测算服务业应交增值税时也考虑到了这一点，在计算可抵扣的进项税时，其税基要扣除掉购进固定资产时所支付的进项税款。

由于我国增值税课税采用国际上通行的抵扣法，即采用销项税额减去进项税额。

$$\text{销项税额} = PA_a \bullet (QA_a - stock_a)\frac{t_a}{1+t_a}, a \in A \tag{2.1}$$

其中，PA_a 是商品 a 的价格，QA_a 是商品 a 的数量，$stock_a$ 是商品 a 的存货增加，t_a 是商品 a 的增值税法定税率。由于投入产出表和统计年鉴的数据是含税价，在计算增值税时要做不含税处理。

增值税的进项税额分为两部分：一部分来自于中间投入品的进项税额，一部分来自于购进的固定资产的进项税额。

$$\text{固定资产进项税额} = WK \bullet QKD_a \frac{t_k}{1+t_k}, a \in A \tag{2.2}$$

其中，WK 为固定资产的价格，QKD 为固定资产的数量，t_k 为固定资产的增值税法定抵扣税率。

购入的中间投入品的进项税额为中间投入的成本：

$$\text{中间投入的进项税额} = \sum_{c \in C} ica_{ca} \bullet PQ_c \bullet QA_a \frac{t_c}{1+t_c}, a \in A, c \in C \tag{2.3}$$

PQ_c 表示商品 c 的价格，t_c 为商品 c 的增值税法定税率。

由此可以得到使用投入产出法计算出的增值税应纳税额的理论数值：

增值税理论税额 =

$$PA_a \bullet (QA_a - stock_a)\frac{t_a}{1+t_a} - WK \bullet QKD_a \frac{t_k}{1+t_k} - \sum_{c \in C} ica_{ca} \bullet PQ_c \bullet QA_a \frac{t_c}{1+t_c}, a \in A, c \in C \tag{2.4}$$

具体测算公式分解如表 2-3 所示：

表 2-3　“营改增”的具体测算公式

项　目	测算公式
改革前服务业应交营业税	= 服务业产出额 × 营业税适用税率（3% 或 5%）
改革后服务业应交增值税	= 服务业销项税额 – 服务业进项税额 – 服务业固定资产购买进项税额
服务业销项税额	=[服务业应税销售额 /（1+ 营业税税率 3% 或 5%）]× 假设增值税税率
服务业进项税额	=[（服务业中间投入服务 – 服务业免税中间投入服务）/（1+ 营业税税率 3% 或 5%）]× 假设增值税税率（13% 或 17%）
服务业固定资产购买进项税额	=[设备工器具购置 /（1+ 增值税适用税率 17%）]× 增值税适用税率（17%）
改革后产品外购服务增加抵扣增值税	=[(为产品提供服务的总投入 – 为产品提供的免税服务投入)/(1+ 营业税税率 3% 或 5%）]× 假设增值税税率

目前我国增值税的税率为：标准税率 17%（一般商品）、优惠税率 13%（粮、农、水、气等）和零税率（出口商品）。小规模纳税人的增值税征收率为 3%。“营改增”试点中一般纳税人的税率为：有形动产租赁服务 17%，交通运输业 11%，现代服务业服务（有形动产租赁服务除外）6%。多级税率只是制度转轨时期的一种过渡性安排，过多的税率分级不利于增值税的税收中性。为简化起见，假定“营改增”的增值税税率分只设 17%、13%、11% 三档。

其中服务业固定资产购买进项税额的计算，设备工器具购置按 2010 年中国第三产业投资年鉴数额换算。

二、模拟测算结果

增值税全面扩围，是指将目前缴纳营业税的 9 大税目一次性全部纳入增值税的征税范围，全面征收增值税。

将《2010 年中国投入产出表》中建筑业等 16 个服务行业的产出作为营业额，乘以营业税适用税率 3% 或 5%，分别计算出各行业的营业税额，再加总得出改革前服务业应交的营业税总额 13603.87 亿元。具体测算结果如表 2-4 所示。改革后为产品提供服务增加抵扣的增值税如表 2-5 所示。

表 2-4　2010 年中国投入产出表模拟测算的服务业应纳营业税和增值税

单　位：亿元

行　业	营业税		增值税		
			11%	13%	17%
建筑业	3%	3070.30	77.58	5932.40	9625.41
交通运输及仓储业	3%	1440.31	517.84	3609.95	5391.21
邮政业	3%	37.73	34.70	165.51	219.20
信息传输、计算机服务和软件业	3%	843.33	530.55	1683.70	2318.92
住宿和餐饮业	5%	1083.63	295.23	1095.36	1815.29
金融业	5%	1614.33	1977.41	4472.00	5728.54
房地产业	5%	1506.09	2028.74	3533.59	4589.67
租赁和商务服务业	5%	1088.65	364.91	2026.32	2870.74
研究与试验发展业	5%	156.58	39.58	224.96	338.84
综合技术服务业	5%	447.11	325.18	968.00	1309.21
水利、环境和公共设施管理业	5%	216.73	-15.25	262.24	422.82
居民服务和其他服务业	5%	595.39	426.22	1073.39	1498.26
教育	–	–	–	–	–
卫生、社会保障和社会福利业	–	–	–	–	–
文化、体育和娱乐业	5%	246.51	138.11	420.71	598.69
公共管理和社会组织	3%	1257.19	1408.37	2957.65	3880.62
合计	–	13603.87	8149.18	28425.77	40607.43

注：教育及卫生、社会保障和社会福利业属于免税产业

资料来源：根据《2010 年中国投入产出表》《2010 年中国统计年鉴》中的数据与设定税率计算得出。

表 2-5　改革后为产品提供服务增加抵扣的增值税

单　位：亿元

行　业	为产品提供服务总投入	可抵扣的增值税		
		11%	13%	17%
煤炭开采和洗选业	5684.54	563.33	653.97	825.96
石油和天然气开采业	996.38	98.74	114.63	144.77
金属矿采选业	2531.11	250.83	291.19	367.77
非金属矿及其他矿采选业	1075.32	106.56	123.71	156.24
食品制造及烟草加工业	6453.50	639.54	742.44	937.69
纺织业	2163.19	214.37	248.86	314.31
纺织服装鞋帽皮革羽绒及其制品业	2386.00	236.45	274.50	346.68
木材加工及家具制造业	1581.13	156.69	181.90	229.74
造纸印刷及文教体育用品制造业	2105.70	208.67	242.25	305.96
石油加工、炼焦及核燃料加工业	19669.55	1949.23	2262.87	2857.97
化学工业	13730.35	1360.67	1579.60	1995.01
非金属矿物制品业	9850.23	976.15	1133.21	1431.23
金属冶炼及压延加工业	24436.72	2421.66	2811.30	3550.63
金属制品业	2394.17	237.26	275.44	347.87
通用、专用设备制造业	6816.05	675.46	784.15	990.37
交通运输设备制造业	5411.59	536.28	622.57	786.30
电气、机械及器材制造业	4819.73	477.63	554.48	700.30
通信设备、计算机及其他电子设备制造业	6309.33	625.25	725.85	916.74
仪器仪表及文化办公用机械制造业	684.59	67.84	78.76	99.47
工艺品及其他制造业（含废品废料）	990.69	98.18	113.97	143.95
电力、热力的生产和供应业	11315.52	1121.36	1301.79	1644.14
燃气生产和供应业	1324.75	131.28	152.40	192.48

续 表

行　业	为产品提供服务总投入	可抵扣的增值税		
		11%	13%	17%
水的生产和供应业	270.75	26.83	31.15	39.34
合计	133000.86	13180.27	15300.98	19324.91

资料来源：根据《2010 年中国投入产出表》《2010 年中国统计年鉴》中的数据与设定税率计算得出。

三、“营改增”对我国地方税体系的财力变化评估

“营改增”对地方财力的影响 = 改革后服务业增值税 ×25%- 改革后产品外购服务增加抵扣增值税 ×25%- 改革前服务业营业税 ± 改革后流转税增减影响的企业所得税地方分成。

综合上述计算结果并综合前文分析，可得增值税扩围改革后地方财力增减额如下（见表 2-6）：

表 2-6　“营改增”对地方财力的影响

单　位：亿元

项　目	增值税税率		
	11%	13%	17%
改革后服务业增值税（1）	8149.18	28425.77	40607.43
改革前服务业营业税（2）	13603.87	13603.87	13603.87
改革后为产品提供服务增加抵扣增值税（3）	13180.27	15300.98	19324.91
营业税改为增值税后的流转税增减额（4）=（1）-（2）-（3）	-18634.96	-479.08	7678.65
流转税增减影响的企业所得税（5）=（4）×25%	-4658.74	-119.77	1919.6625
地方财力增减额（6）=（1）×25%-（2）-（3）×75%+（5）×40%	-23315.27	-18021.07	-17177.83

由上表测算结果可知，无论采用哪种税率，增值税扩围对地方财力都是一种减收

效应，只不过随着税率的提高，这种减收效应减小而已。

由于营业税目前属于地方税，且是我国地方财政收入第一大税种，而增值税属于中央和地方共享税，在不调整中央和地方税收划分的情况下，扩大增值税征收范围，将直接减少地方财政收入，影响地方政府的财力。在目前我国财权逐渐上移、事权逐渐下移的趋势下，会在一定程度上加大地方财政压力，从而极大影响地方政府推进改革的积极性。

以上测算表明，营业税取消后，随着“营改增”的完成，我国现行地方税体系将受到很大影响，地方财政收入将大幅减少，收支缺口将进一步扩大，地方政府面临的财政压力将会陡增。这将直接导致地方经济增长阻力增加，公共产品和公共服务的投入不足程度扩大，产业政策实施弱化，地方财政风险增多，财政风险规模扩大。为弥补“营改增”后地方财政收入的下降，地方政府将会寻求预算外、制度外收入，给本不完善的地方税体系造成很大冲击。

增值税扩围改革对地方财力的这种减收影响，是对在现有分税制财政体制下本已出现困境的地方财政的一个严峻考验。这意味着增值税扩围改革最终会对地方财力带来一定的损害，而且也会改变营业税在地方财政收入中占主体地位的局面，从而极大影响地方财政利益。所以，构建和完善我国的地方税体系，有效降低“营改增”对我国地方税收的冲击和影响，就成为一种必然的路径选择。

第四节　我国地方税体系存在的主要问题和原因分析

地方税制是分税制财政体制的重要组成部分，分税制财政体制的建立、巩固和完善，都必须重视地方税制建设。我国地方税制建设一直滞后于分税制财政体制的发展和完善进程，地方税制的税种完整性和政策合理性及其对地方财政收入的支撑能力均受到较大挑战，必须进行改革。

加强地方税体系的建设，优化税制结构、公平税收负担、规范分配关系、完善税权配置，不仅是“十二五”规划纲要和十八大报告提出的要求，也是完善当前税制的现实要求。分税制财政管理体制实施以来，国内外政治经济形势发生了巨大变化，虽然分税制也在不断地发展和完善，但仍然存在一些同当前形势不相适应的缺陷和问题，值得重视。

一、地方税法律体系不健全

经过近二十年的分税制改革，我国财政与税收的法制化建设取得了巨大的成就，但就目前国内国外政治经济情况来看，我国的税收法律体系仍然存在一些亟须解决的问题。主要有如下三点：

（一）地方税收相关法律层次低，立法滞后

尽管分税制涉及了中央和地方的重大利益关系，然而目前与分税制相关的法律文件基本上是以国务院颁布的行政命令为主，缺乏更高层级的法律保障。目前，《税收基本法》和《地方税法通则》尚未正式出台，只有《企业所得税法》《个人所得税法》《车船税法》三部法律正式立法，其他税种包括增值税、营业税、消费税等主要税种，都是由国务院制定暂行条例开征，游离在全国人大的立法之外，有违"税收法定"原则。地方税收法律立法的滞后对我国地方税体系的建立和完善产生了一定的消极影响，延缓了财税法治和依法治税的进程。

（二）现行的法律文件内容变动频繁，政策依据缺乏稳定性

在税收法律的具体实施过程中，国务院、财政部、国家税务总局的相关文件变动频繁，这不仅导致税务机关的税务管理成本提高，管理难度加大，而且导致纳税人的生产经营活动的风险和奉行成本加大。

（三）地方政府税收立法权限较低，制约了地方政府组织财政收入的积极性

根据我国现行税收法律的规定，中央税、共享税以及地方税的立法权都要集中在中央。[1]除自治区及深圳等经济特区外，其余各省、市均没有税收立法权，地方政府只能在中央政府制定的税收相关法律许可的范围内制定有关地方税收的、条例、规定等。而这些条例、规定散见于各类通知、规定中，通常缺乏完整性和规范性。税收立法权的高度集中，在税收政策的统一性和权威性方面体现了中央统揽全局的要求，但过度集中的税收立法权也制约了地方政府组织财政收入的积极性，导致了税外收费等种种乱象。

这种中央和地方在统一税法与分级管理之间的矛盾，大大影响了地方在税收政策制定和征管方面的积极性和主动性。地方的税收管理权限过于狭小直接影响了地方政府根据本辖区经济社会发展的实际来调节经济运行的积极性和作用。高度集权的税收管理模式对分税制的有效运行以及我国地方经济社会的可持续发展产生了较大的负面影响。

二、税收管理权划分不合理

我国现行地方税体系中税收管理权的不合理划分，对地方税收收入的组织以及政府职能的实现造成了不利影响。

[1]《国务院关于实行分税制财政管理体制的决定》（国发［1993］85号）

目前分设国税、地税两套机构的税收管理模式，对于调动中央和地方两个积极性，加强税收管理，保障中央和地方财政收入，发挥了一定的积极作用，但是同时存在很大的不足和弊端：

（一）税收管理权的划分不规范和自由裁量权使用不一致导致执法过程中的混乱

我国现行分税制下的税收征管、收入归属与税种划分不一致，导致税收管理权划分标准极不规范且杂乱无章。同时，在税收执法的自由裁量权的使用过程中，国税地税两家税务部门对税收法律和政策的理解和执行可能存在差异，也有可能导致同类纳税人的实际税负不平等，同时也给纳税人偷逃税以可乘之机。

（二）两套税务机关的职能重叠导致日常征税管理工作的摩擦

国税和地税两套税务机关在税收管理权的实际运行中也暴露出不少问题和矛盾，日常征收管理工作中出现互相推诿、互相扯皮、拆台和争执等现象，使纳税人无所适从，或使纳税人偷逃税款等违法犯罪行为有机可乘，既影响了税收执法的效率，也给地方税的管理带来不利影响。

（三）机构之间缺乏统一的信息共享平台导致征管工作的低效率

目前国税、地税部门之间的管理平台缺乏一致和统一的标准，使得跨部门的涉税信息交换与信息共享难以实现，直接加大了税收征管难度。税务管理工作中的信息不对称和信息共享不及时，大大降低了地税部门在税收征收管理方面的效率。

三、中央政府与地方政府财权与事权不对称

一级政府负责多大的事权就应该有相应的财权作保障。但我国现行法律对政府间的事权划分并没有清晰的界定，导致各级政府在一些公共事务上互相推诿。特别是在我国当前的政治体制下，中央政府对地方政府的干预仍然较多，加大了地方政府的财政支出责任和财力负担，从而产生了中央与地方在职能和财力方面的矛盾。

一般而言，由于地方政府不仅要贯彻落实中央的方针政策，同时还要独立发展本地经济、维护本地治安、提供本地各种公共产品和公共服务等，地方政府的事权通常要大于中央政府的事权。但从目前我国的实际情况来看，地方政府的财权比重明显偏低，其事权明显大于其财权。为了弥补地方财力的不足，地方政府不得不依赖中央的转移支付和寻求各种形式的非税收入。非税收入的泛滥增加了交易成本，使企业和个人不堪重负，抑制了企业的投资热情和个人的消费欲望，不利于经济的良性发展。由于税外收入大部分游离于现行财政预算体制之外，不仅增加了财政政策调控的难度，也容易成为滋生腐败的温床。此外，近年来，地方政府普遍将土地作为地方财政收入

的重要支撑，形成所谓的“土地财政”，而地方政府愈来愈庞大的地方债规模也日益成为中国经济增长的巨大隐忧。

在当前的分税制体制下，我国地方政府的财政收入主要来源于地方税税收收入。然而，在“营改增”大背景下，虽然“营改增”后的收入现在仍划归地方所有，但地方政府自主掌控财源的能力被进一步削弱。此外，我国现行地方税的收入规模占整个税收收入和财政收入规模的比重过小，优质的税源基本上都被中央垄断，在地方政府与中央政府的利益博弈中，中央因其权威和优势地位而掌握财政决策的主动权，逐步下放事权，上收财权，使财权和事权不对称的问题变得更为突出和严重，进一步加剧了基层政府的财政困难。

虽然我国在宪法中明确了中央政府与地方政府的事权，但很笼统，只作了原则性划分，没有制定详细的法律法规，实际操作中依然是随意性较大，而且中央、地方事权交叉较多，经常会出现一些本来应当由中央政府承担的责任和事务被下放到地方，一部分属于地方的支出责任中央也承担了一部分。各省、市、县、乡级政府间的支出责任划分更是模糊不清，而且地区差别较大。这种事权划分的模糊不清，导致各级政府在一些公共事务上互相推诿。特别是中央政府对地方政府的干预仍然较多，中央出台政策时往往忽略下级政府的承受能力，无形之中加大了地方政府的支出责任，增加了地方财政负担，从而产生中央与地方在职能和财力方面的矛盾，随着经济社会的发展，这种矛盾正呈现不断扩大的趋势。

四、地方税税制结构不合理

现行的地方税部分税种在税目、税率、减免税等税制要素的设计上不尽合理，干扰和扭曲了资源的合理配置，不利于经济发展和社会公平，需要进一步调整和完善。

在我国现行分税制体制下，税种划分缺乏制度约束，执行中变动频繁，随意性大，导致对中央税与地方税难以进行准确的界定。这种不科学、不规范的税种划分方式造成中央与地方税收分配关系的混乱和不稳定。

其次，地方税税种设置重复，存在交叉征收现象。比如，房产税和城镇土地使用税、耕地占用税和资源税存在税种重复、类似；土地增值税与企业所得税和个人所得税、印花税与契税、房产税中对房租征收的部分与营业税等均存在交叉征收的问题。

此外，地方税税种老化。现行大部分的地方税税种是计划经济的产物，严重滞后于市场经济发展的需要。

从前文的分析中可以看出，在我国现行地方税体系中，与中央分享的共享税比重过高，地方自有税种的筹资能力明显不足，营业税作为地方税主体税种的地位十分明显，“营改增”后地方税体系相对被动，难以支撑地方所承担的支出责任。

在既有的体制下，由于分税制不彻底，我国现行地方税收体系中尚无税源丰富、规模较大、易于地方政府征管的主体税种可言，地方政府没有长期、稳定、可预期的主要税源，地方财力缺乏保障。而且，地方税收收入呈现不断向中央集中的趋势，使地方税种日趋萎缩，严重削弱了地方税的地位，导致地方税功能弱化，造成地方财政困难，直接诱发各种各样的地方税外收费，严重削弱了地方政府自主调控经济的能力。

这些问题的存在，根本原因在于我国现行地方税体系存在严重缺陷和不足，地方政府对地方税收的政策制定权、调整权等被限制，以致地方税收的调控能力和对地方财力的形成能力偏弱。为此，必须进一步深化税制改革，建立和完善真正意义上的地方税制体系。

第三章　地方税体系建设的国际借鉴

地方税体系建设及其完善是个复杂渐进的过程，地方税模式的选择受到多重因素的影响，其中包括一国的政治体制、经济体制、宏观调控能力、经济发展阶段、历史文化传统、税收征管能力等。各国在地方税立法权、地方税规模、税种配置、主体税种选择等方面存在较大差异。他山之石，可以攻玉。本部分对地方税体系中税权划分、纵向财力分配、税种配置以及管理机制进行跨国比较，以找到一般的规律性和差异性，为我国的地方税体系的建设和完善提出可资借鉴的参考和启示。

第一节　地方税体系的国际比较

一、税收管理权限的比较

税收管理权通常包括税收立法权、税收归属权、税政管理权以及税收征收管理权等四个方面的内容。立法权是指税法制定、颁布权和税种的创设权，它在税权范畴中处于核心地位；税收归属权是指税收收入归谁所有，由谁支配及使用的权限；税政管理权是指税种开征与停征、增加或减少税目、调整征税比例、增减税负等方面的权限；税收征管权是指税务当局在税收征收、管理活动上体现出来的权限。纵观世界，税权大致可分为三种类型：一是以法国为代表的中央集权型，即各项税权高度集中于中央，地方只有少量的税权；二是以美国为代表的税权分散型，即中央与地方分别行使独立的税收权限，互不交叉、干扰；三是以德国、日本为代表的适度分权型，介于集权型和分散型二者之间，地方享有一定的税收立法权，但有一定的限制，突出特点是税收立法权相对集中，税政管理权则相对分散。三种类型具体情况见表 3-1。

表 3-1　各国税收权限比较

	政治体制	税权模式	税收立法权限
美国	联邦制	税权分散型	美国联邦、州、地方各有独立的税收体系，并相应拥有独立的税收立法权和征管权，互不干涉。各级议会均可在联邦宪法规定的范围内确定自己的税权和税制，地方政府拥有相对独立的税收管理权
德国	联邦制	适度分权型	德国《宪法》明确规定三种不同的税收立法权：联邦级排他立法权、共同立法权和州级排他立法权，但立法权主要集中在联邦。同时规定对属于共同立法事项中联邦没有作出规定的，立法权属于州；对不属于联邦司法管辖权领域的事项都具有排他立法权。例如，根据德国《宪法》Ⅱ a段第105条，州对当地的消费税类和支出税类有排他立法权
日本	单一制	适度分权型	日本《地方税法》对地方政府享有的税权予以明确，其中地方政府可以开征所列举的、主要的地方税税种，规定课税对象以及可选择适用的税率浮动空间等，即各地方议会可以选择开征《地方税法》中所列举的税种，同时可根据当地的实际情况确立适当的税率。除《地方税法》中所规定的税种外，各地方议会还可自行决定开征新的税种，但须将草案报经中央政府主管各地方自治事务的自治省审查通过方有效。地方收不抵支可经中央批准开征普通税
法国	单一制	集权型	税收的立法权、开征权、税目确定权、征税范围主要集中在中央；地方拥有一定的税收立法权和税政权

资料来源：中国国际税收研究会《我国地方税制建设》课题组。

一般来说，税权模式的选择与一国的政治体制具有较大的关联。单一制国家、集权型国家大都采取集权型税权模式，我国即属于这种模式；联邦制国家、分权型国家较多采取分散型税权模式。而介于税权分散型和集权型之间的适度分权型，采用的国家既有联邦制国家，如德国，也有单一制国家，如日本。

无论是税权分散型、集权型，还是适度分权型，在税权划分上都存在如下共性：① 税权划分以健全的税收法律体系为基础；② 税收立法权划分基本实行集中与分散相结合的方式，并无严格意义上的界限；③ 财权划分以政府间支出责任的配置为依据；④ 地方具有一定的税权，但中央税权占主导地位，中央对地方具有一定的制约和监督权。比如，日本实行“课税否定制度”，即中央对地方制定的税收法规有否决权，针对地方政府擅自开征的税种以及确定的税率，中央可以在一定程度上加以限制；德国规定联邦若在税收的某一特别领域已立法，那么州就对这些已规定的事项丧失了立法权，即联邦具有优先立法权。

地方税体系是个广义的概念，重要的、也是最易引起争议的就是关于地方政府税权的设定问题。判断一国财政体制是否集权或分权，地方政府税权设定是重要的衡量指标。即使一国地方财政收支能大抵平衡，且地方财政收入在全国财政收入中所占比重不低，但只要地方税的立法、管理权限都集中于中央，也不能判定其是分权型财政体制。与分享收入的权力相比，拥有创造收入的权力更能赢得地方政府的青睐。

次中央级政府（subnational government）的税收立法权一直是衡量财政自治能力大小的核心问题。表 3-2 提供了按照税收自治类型划分的州以下政府税收情况，从左到右是税权自治能力从高到低的排序。州以下政府最具有财政自治能力的是可以自己决定税率和税基，次之的是只能决定税率或只能决定税基。政府间“税收分享制度”也关系到州以下政府的税收自治问题。如果确定或变更税收分享模式前，中央政府能够充分考虑次中央级政府的意见，这种财政自治程度要大于中央政府可单方面变更的情形。至于由中央政府来决定下级政府的税基或税率的情形则属于自治程度最差的。

应当指出的是，尽管出现中央向地方扩大税权的基本趋势，但地方并不会享有绝对的税权，而是有制约的分权，中央税权往往高于地方税权。即使在美国这样税权分散的联邦制国家，在宪法和法律的基础上，下级政府的税权也要受到上级政府的约束和管制，如果出现下级政府违背法律的现象，联邦法院可做出停征的判定。❶

表 3-2 部分 OECD 国家按照税收自治类型划分的下级政府税收情况（1995—2002）

国　家	下级政府税收占政府总收入比重	按照税收自治类型划分的下级政府税收收入									
		A	B		C	D1	D2	D3	D4	E	其　他
			完　全	限　制							
奥地利	31.4（19）										
州	28.4（8）	54.4（9）	–（11）	–	–	–	45.6（81）	–	–	–	–

❶ 法律上，美国州与地方的关系属于单一制的性质，地方政府仅为州的派出机构，并不具有独立的税收权限，即美国联邦制下的“州内单一制”，由此美国即使是分权型国家，但权力配置也并不是无限分散的。

续　表

国　家	下级政府税收占政府总收入比重	按照税收自治类型划分的下级政府税收收入									
		A	B		C	D1	D2	D3	D4	E	其　他
			完　全	限　制							
地方	3.0（10）	100.0（2）	–	–	–	–	–（98）	–	–	–	–
比利时	27.8										
州	22.8	63.8	–	–	–	–	36.2	–	–	–	–
地方	5.0（6）	10.0(13.0）	–（84）	86.4	–	–	–	–（2）	–（1）	3.6	
捷克	12.5（13）										
地方	12.5（13）	5.5（2）	–	4.1（5）	–（3）	–	–	88.8（90）	–	1.5（0）	0.1（0）
丹麦	35.6（31）										
地方	35.6（31）	–	86.0(96）	4.7（0）	–	–	–	2.9（4）	–	6.4（0）	–
芬兰	21.5										
地方	21.5（22）	–	85.3(89）	4.6	–	–	–	–（11）	9.9	–	0.1
德国	28.7（29）										
州	21.8（22）	–	–	2.4	–	–	86.3(100）	–	–	11.2	–
地方	7.0（7）	17.6	–	33.6	–	–	47.6（47）	–	–	1.1	0.2
希腊	0.9										
地方	0.9	–	–	64.6	–	35.4	–	–	–	–	–
冰岛	25.2										
地方	25.2（20）	–（8）	–	91.2（92）	–	–	–	–	–	–	8.8
意大利	16.4										
地区	11.3	–	–	58.8	–	–	23.7	17.6	–	–	–
地方	5.2	27.1	–	50.4	–	–	–	13.1	–	9.3	–
日本	26.0（24）										
地方	26.0（24）	0.1（0）	79.7(94）	–	–	–	–	–	–	20.2(6）	–
韩国	18.9										

续 表

国 家	下级政府税收占政府总收入比重	按照税收自治类型划分的下级政府税收收入									
		A	B		C	D1	D2	D3	D4	E	其 他
			完 全	限 制							
地方	18.9	–	–	64.3	–	–	–	–	–	35.7	–
墨西哥	3.4（20）										
州	2.4（16）	100（14）	–	–	–	–	–（86）	–	–	–	–
地方	1.0（4）	100	–	–	–	–	–	–（74）	–	–（26）	–
荷兰	3.6										
地方	3.6（3）	–	99.2（100）	–	–	–	–	–	--	–	0.8
挪威	12.9										
地方	12.9	3.3	–	96.7	–	–	–	–	–	–	–
波兰	17.5（7）										
地方	17.5（7）	–	–	23.2（45）	–（1）	–	–	76.4（54）		0.4	
葡萄牙	6.0										
地方	6.0	–	–	44.0	–	–	–	18.5	–	37.3	0.2
西班牙	26.6（13）										
地区	18.1（5）	58.3（15）	–（7）	0.1	–	–	41.6（78）	–	–	–	–
地方	8.5（9）	27.2（33）	–（51）	51.4	–	–	21.4（16）	–	–	–	–
瑞典	32.1										
地方	32.1	–	100	–	–	–	–	–	–	–	–
瑞士	43.1（38）										
州	27.0（22）	90.4（89）	–	–	–	–	9.6（6）	–（5）	–	–	–
地方	16.2（16）	2.9	–	97.1（97）	–	–	–	–（3）	–	–	–
土耳其	6.5										
地方	6.5	–	–	–	--	–	–	–	–	–	100
英联邦	4.5（4）										

续　表

国　家	下级政府税收占政府总收入比重	按照税收自治类型划分的下级政府税收收入									
		A	B		C	D1	D2	D3	D4	E	其　他
			完　全	限　制							
地方	4.5（4）	–	–	100（100）	–	–	–	–	–	–	–
简单平均											
州	19.6	52.5	–	6.8	–	–	36.4	2.0	–	2.3	0.1
地方	12.4	15.4	22.7	34.6	0.4	1.5	5.6	8.3	0.4	5.9	5.1

注：括号内为 1995 年数据。A 表示下级政府决定税基和税率的百分比率；B 表示下级政府只决定税率的百分比率；C 表示下级政府只决定税基的百分比率；D1 表示下级政府决定税收收入分享的百分比率；D2 表示税收分享方案必须得到下级政府同意的百分比率；D3 表示税收分享以法律固定但中央政府可单方面变更的百分比率；D4 表示税收分享由中央政府决定并反映在年度预算中的百分比率；E 表示中央政府决定下级政府的税基和税率的百分比率。

资料来源：（1）National source and OECD, taxing powers of state and local government, tax policy studies No.1 and revenue statistics 1965–2004, 2005 Edition.（2）OECD Tax Policy Studies No.1: “Taxing Powers of State and Local Government”, OECD, 1999, pp14–15.

从表 3–2 可以得出如下结论：

（1）各国财政体制改革不仅重视对税收收入划分的调整，也越来越重视税权的划分。西班牙、奥地利在 1995–2002 年间除了让地方拥有更大的税率、税基决定权外，还提高了地方政府收入占政府总收入的比重。而丹麦、墨西哥等国在下放或上收地方对税率、税基决定权的同时，提高或降低地方政府税收占总收入的比重，体现了“上下制衡”的思想。

（2）各国的税收分权体现出一定的共性。除了冰岛之外，没有一个国家采取 D1 类型，即由下级政府决定税收收入分享比例；也很少有国家采取 C 类型，即只赋予下级政府决定自身税基的权力，而不赋予其决定税率的权力；D4 也是较少有国家采用的模式。除上述三种之外，其他类型的税收自治方式都有不少国家采用。例如，奥地利、比利时、捷克、丹麦、芬兰、冰岛、意大利、波兰、葡萄牙、西班牙、德国、英国、瑞士等国，下级政府在税率、税基和税收分享安排中都具有相当程度的影响。墨西哥、奥地利、瑞士、丹麦、芬兰、日本、荷兰、西班牙等国都倾向于让地方政府拥有对税率和税基的决定权。

基本上没有国家在让地方政府获得地方税收入的同时而不赋予其一定的税收自主权，也就是说，几乎所有的国家至少都会赋予地方一定的税率制定权或调整权。英国是集权型单一制国家的典范，但英国赋予地方政府制定财产税税率的权力。由此，无论单一制还是联邦制国家，均会对地方政府下放一定的地方税税收权限。

（3）各国对州和地方的税收权限下放程度存在一定差异。总体上来说，各国州政府在对税率和税基的决定权方面，2002 年比 1995 年提高了 32 个百分点，由此相应下降的是 B、D2 等模式的比重，也就是说，各国对州政府赋予越来越多的税率和税基决定权；与此同时，地方政府在税率和税基方面的决定权也比 1995 年增加了 7.9 个百分点，由此相应降低的是 D3、E 类税收自治模式所占比重。

（4）税收分权越来越不受政治体制的羁绊。法国属于集权型单一制国家，但《权力下放法案》（1982 年）使法国开始重视向地方下放一定的税收立法权，以缓解上下级政府间的矛盾。2003 年修宪后，领土单位被赋予条例制定权，即“依照法律规定的条件，领土单位由选出的议会自主管理，行使职权，拥有条例制定权”；“领土单位享有依法律规定自由支配的收入”；“对于每一类领土单位，税收收入和其他自有收入都是其全部收入的一部分”。由此，法国宪法直接做出了关于地方政府税收立法权的规定。此外，法国还规定，地方在中央立法范围内对属于本级政府的地方税享有征收权，同时拥有一定的机动权，如可根据本地的具体情况对地方税收的税率进行适当调整；开征一些地方性捐费，如卫生费；对纳税人采取某些减免税措施等。

日本亦属于单一制国家，走了一条集权与分权的中间道路，赋予了地方较大的税收立法权：日本地方议会可以选择开征《地方税法》中所列举的税种，同时可以根据当地的实际情况确定适当的税率。除了《地方税法》所规定的税种之外，地方议会还可自行决定开征新的税种。

希腊、冰岛、意大利、荷兰、西班牙、瑞典等单一制国家，在以往的财政体制调整过程中，逐渐摆脱单一制政治体制的羁绊，追随世界分权的浪潮，赋予了地方较多的、具有实质性意义的税收立法权。比如，2002 年冰岛地方政府税收占全国税收的 25.2%，其中 91.2% 属于地方享有有限税率决定权的地方税收入；意大利地方政府税收占全国税收的 16.4%，其中 50% 左右为地方享有有限税率决定权的地方税收入；日本地方政府税收占全国税收的 26%，其中 79.7% 为地方具有完全税率决定权的地方税收入；西班牙地区政府税收占全国税收的 18.1%，其中 58.3% 为地区具有税率和税基决定权的地区税收入；瑞典地方政府税收占全国税收的 32.1%，其 100% 属于地方享有完全税率决定权的地方税收入。

由此可见，将部分税权适度下放地方已成为世界上多数国家的发展趋势。

二、地方税种结构的比较

（一）地方税种的设置

从上述的税收划分原则可知，税基具有流动性、再分配功能强的税收应当归中央政府所有。但流动性有强有弱，有的可能基本属于地方性的，而且商品劳务的交易发生地总是享受了当地提供的公共服务，因此，地方政府也有权参与商品劳务的收益、所得分配。收入再分配功能强的税收同样如此。对于这些问题，各国的处理方式不同，通常有三种方式解决：一是中央与地方共享，即税收收入在中央与地方之间按一定比例进行分成；二是同一税基上分征中央税与地方税，即同源共享；三是地方政府收入采取中央税附征或附加的形式。

各国的地方税种设置一般从效率与受益的角度出发，充分考虑不同税种的性质与功能，兼顾地方税收入规模的需要。一般以税种性质为依据划分中央与地方税，并考虑税收收入的稳定性以及各税种的征管便利特点。凡税基具有较强区域性、流动性较差的税种划归地方税，而且地方税大多对宏观经济影响较小，与地方经济发展密切相关。从纯粹的效率角度看，地方政府受益税或收费收入越多，其税收收入越具有效率性（见表 3-3）。

表 3-3　主要国家的地方税体系

国　家	地方税税种	国　家	地方税税种
美国	州税：销售税、个人所得税、公司所得税、国内消费税、遗产与赠与税、财产税、资源税、社会保障税等 地方税：财产税、个人所得税、公司所得税、销售税等	印度	邦税：销售税、消费税、交通工具税、土地价值税、农业所得税、职业税、娱乐税等 地方税：土地捐（土地价值税附加）、土地与建筑物税（对租金征收）、土地增值税、广告税、财产转让税（印花税的补充）等
德国	州税：个人所得税、企业所得税、增值税、遗产税、机动车税、房地产转移税、啤酒税等 地方税：所得税、增值税、贸易税、房地产税、地方税等	韩国	省税：财产取得税、注册税、许可证税、地方教育税等 市县税：居民税、财产税、机动车税、农场税、屠宰税、烟草消费税、综合土地税

续 表

国　家	地方税税种	国　家	地方税税种
澳大利亚	州税：酒精和赌博税、保险合同印花税、酒精和赌博特许经营税、工薪税、金融机构税、保险税、车船税、矿产税、注册税等 地方税：财产税、房产税、土地税附加等	巴西	州税：商品流通税、转让税等； 地方税：劳务税、不动产税、不动产转让税等
英国	市政税、财产税	俄罗斯	联邦主体税：企业财产税、组织财产税等； 地方级税：个人财产税、土地税等
法国	房地产税、居住税、娱乐税、汽车牌照税、职业收入税	日本	都道府县税：都道府县居住税、企业税、财产税、矿井税、不动产购置税、烟草税、地方特别消费税、狩猎税、汽车购置税等。 市町税：市町村居住税、不动产税、轻型交通车辆税、烟草税、特别土地使用税、土地开发税、营业办公税等10种

资料来源：国家税务总局税收科学研究所编译，《外国税制概览》，中国税务出版社，2004年版。

从表3–3看，各国地方税的情况具有较大差异，主要体现在：

（1）流转税类：商品税（如增值税、消费税、销售税）一般被划为中央税，但也有国家将它们列为地方税，如美国的销售税；将一些不重要的特别消费税划归地方也是许多国家的普遍做法，如日本、韩国等；

（2）所得税类：美国、德国州、地方政府均征收个人所得税和企业所得税；法国的职业收入税属于所得税，归地方所有；

（3）财产税类：房产税在许多国家都是地方政府财政收入的重要来源，税率由地方议会决定，如德国、澳大利亚、法国、巴西、日本等国，房地产税在地方税体系中都扮演着重要的角色。财产税具有较强的区域性，对宏观经济调控影响不大，作为地方税具有天然禀赋；

（4）其他税类：许多国家将一些小税种列为地方税，如美国的销售税、德国的啤酒税、法国的娱乐税、澳大利亚的赌博税、日本的特别土地使用税等。

（二）地方税主体税种的国际比较

主体税种选择是一国地方税体系建设的重要内容。主体税种是否明确，是关系到中央与地方财政关系是否独立且稳定的关键，是地方各层级财政支出是否具有效率的前提条件，也是地方政府能否履行各项必要财政职能的保障，但由于地方主体税种涉及税种的性质、税源分布、受益范围、财政支出纵向划分等方面，各国基于不同国情对主体税种的选择各具特色。

从图 3-1 可知，OECD 国家地方税收收入主要来自财产税，所得税、利润和资本利得税，商品和劳务税等税种。[1]其中，比利时、希腊、爱尔兰、以色列、新西兰、英国等国家对财产税的依赖程度较高，在地方税收中平均占到 70% 以上，其中英国几乎全部都是财产税。各国均以财产税作为地方主体税种的原因在于：财产税税基分布均衡，透明度高；体现受益原则；以市场价格评估税基，税收增长具有稳定预期等。

除财产税外，国际发展的一个新动向是发达国家将所得税作为地方主体税种，尤其是以瑞典、芬兰、丹麦、挪威为代表的北欧福利国家以及爱沙尼亚、斯洛文尼亚、瑞士、冰岛、卢森堡等国，其地方税收入中所得税占到 70% 以上的比重。但以所得税作为地方税也存在如下问题：所得税征管难度较大，地方税务部门难以胜任；所得税具有较高的经济发展阶段门槛，发展中国家所得税源有限。

此外，也有部分国家以商品和劳务税（销售税）作为地方税的主体税种，如智利、匈牙利、荷兰、斯洛伐克、西班牙、土耳其、美国等，其中智利和匈牙利等国商品和劳务税占地方税的 50% 以上。商品和劳务税（销售税）具有税基广泛、税源可靠、税收中性、课税阻力小、易于征管等特点，但商品和劳务税具有税负累退性等缺点，不利于税收公平。

值得注意的是，大部分国家州和地方政府对本级主体税种都有很大的决定权，这一决定权主要体现在税率以及税收减免权限的设置上，当然联邦政府对这些权力仍保留一定的限制权。

总体来看，大部分地方税种的税额都不大，税基窄、税额小，且与地方经济发展密切相关。虽然各国地方税占全国税收收入的比重都不大，但基本上地方政府都有一两种收入相对稳定的主体税种，如美国的地方税以所得税、财产税及商品和劳务税为主，约各占到本级税收收入的 1/3；法国的地方财产税收入约占到本级税收收入的 50%（见图 3-1）。

[1] 按照本书对地方税的定义，此处的地方税包括州和地区及以下层级政府的税收收入。

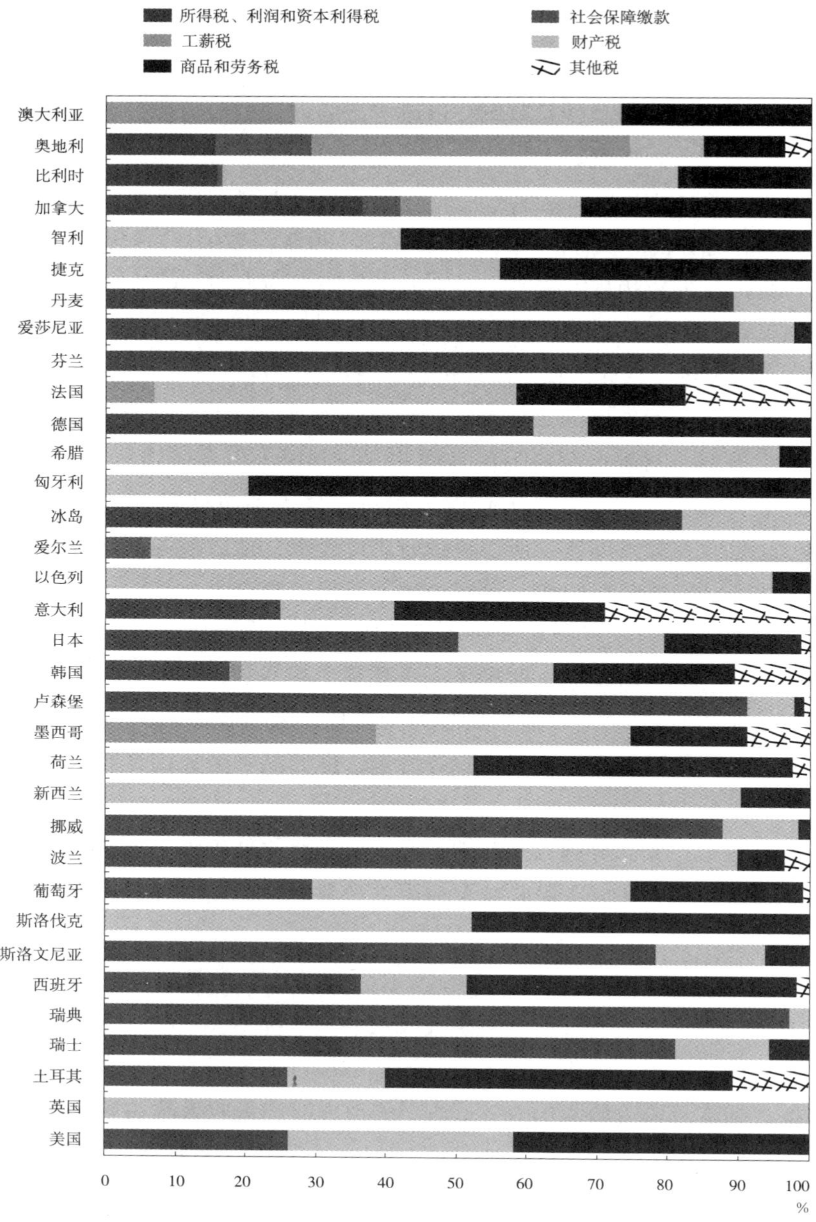

图 3-1　2012 年 OECD 国家州 / 地区和地方政府税收收入结构（%）

注：此处地方税指次中央级政府及以下层级政府的税收收入，不包括社会保障缴款。

资料来源：OECD（2014），"Tax revenues by subsectors of general government"，in Revenue Statistics 2014，OECD Publishing，Paris.

三、地方税收入的比较

地方税收入规模与一国的政治体制、财政体制密切相关。一般来说，集权型单一制国家地方税占税收收入总额的比重较低，如法国，地方税权较小，相应的地方税收入占税收总收入的比重也较小。2012 年单一制国家地方税收入占税收总收入的平均比重约为 12%（见表 3–4）。联邦制国家分权型国家这一指标值较大，如美国州和地方政府 20 世纪 50 年代之后财政框架相对稳定，州和地方财政收入在全国财政收入中所占比重平均为 34.2%，其中州大致在 19% ~ 21%，地方大致在 13% ~ 16% 之间（见表 3–4）。根据 OECD（2014）对其成员国地方税收规模的比较分析，OECD 国家州一级政府税收占全国税收的比重为 16.5%，地方一级约占 10%，二者合计为 26.5%。中央政府在税收分配中占绝对地位是大多数国家的共性，这样做有利于中央对宏观经济的调控。

表 3–4　OECD 国家次中央级政府和地方政府收入占税收总额的比重（%）

	州和地区政府			地方政府		
	1975 年	1995 年	2012 年	1975 年	1995 年	2012 年
联邦制国家						
澳大利亚	15.7	19.0	15.3	4.2	3.4	3.4
奥地利	10.6	1.8	1.6	12.4	4.1	3.2
比利时	..	1.8	5.2	4.4	4.8	4.7
加拿大	32.5	37.1	40.0	9.9	9.8	9.5
德国	22.3	21.6	21.6	9.0	7.4	8.2
墨西哥	..	2.1	2.9	..	1.1	1.2
瑞士	27.0	23.8	24.6	20.3	17.6	15.3
美国	19.5	19.9	20.6	14.7	13.2	15.2
简单平均	21.3	15.9	16.5	10.7	7.7	7.6
地区国家						
西班牙	..	4.8	32.2	4.3	8.5	9.9

续 表

	州和地区政府			地方政府		
	1975 年	1995 年	2012 年	1975 年	1995 年	2012 年
单一制国家						
智利	..	..	..	..	6.5	6.7
捷克	..	..	..	..	0.9	1.3
丹麦	..	..	..	30.4	31.9	26.9
爱沙尼亚	..	..	..	..	13.1	13.1
芬兰	..	..	..	23.5	22.3	22.7
法国	..	..	..	7.6	11.0	13.2
希腊	..	..	..	3.4	0.9	4.0
匈牙利	..	..	..	..	2.5	6.3
冰岛	..	..	..	18.7	20.8	26.3
爱尔兰	..	..	..	7.3	2.7	3.8
以色列	..	..	..	..	5.9	7.7
意大利	..	..	..	0.9	5.4	16.4
日本	..	..	..	25.6	25.3	24.7
韩国	..	..	..	10.1	18.7	15.8
卢森堡	..	..	..	6.7	6.4	4.0
荷兰	..	..	..	1.2	2.7	3.7
新西兰	..	..	..	7.7	5.3	6.8
挪威	..	..	..	22.4	19.6	12.5
波兰	..	..	..	..	7.5	12.7
葡萄牙	..	..	..	0.0	4.2	6.7
斯洛伐克	..	..	..	..	1.3	3.0
斯洛文尼亚	..	..	..	..	6.3	11.2

续　表

	州和地区政府			地方政府		
	1975 年	1995 年	2012 年	1975 年	1995 年	2012 年
瑞典	..	..	..	29.2	30.9	36.9
土耳其	..	..	..	..	12.8	8.9
英国	..	..	..	11.1	3.7	4.9
简单平均	..	..	..	12.9	10.7	12.0

注：西班牙本身是一个具有高度分散的政治结构的非联邦国家，因此单独列出。

资料来源：OECD（2014），“Tax revenues by subsectors of general government”，in Revenue Statistics 2014，OECD Publishing，Paris.

衡量地方税收入的另一个重要指标是地方税收入占地方财政收入的比重。

图 3-2 反映的是美国地方政府财政收入中税收收入、非税收入和拨款收入所占比重情况，其中非税收入中有很大一部分属于收费收入，具有受益税性质。事实上，不少国家地方财政收入中各项收费收入的比重很高，而且越是基层政府，财政收入中收费收入的比重就越高。

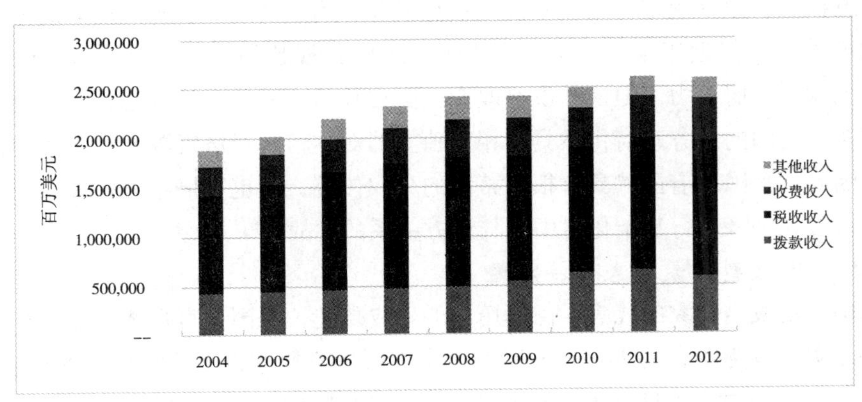

图 3-2　美国地方财政收入构成

资料来源：http：//taxpolicycenter.org/taxfacts/displayafact.cfm?DocID=507&Topic2id=90&Topic3id=92

由图 3-2 可知，与财政转移支付（联邦政府拨款）相比，税收在美国地方政府收入中具有绝对地位。这种不依赖于上级转移支付的地方财力结构具有如下明显优势：

可与中央政府形成较有分量的对抗格局及制衡关系，对于稳定一国的权力结构具有重要意义，与此同时，可减少政治成本、最大化实现居民社会福利，提高税收绩效。❶

第二节　各国地方税体系的共性

综上所述，主要发达国家在各级政府间的税收权限、财力配置、税种选择等方面存在着明显的差别，但总体来看，具有如下几个共性：

一、集权与分权有机结合

近年来，世界上大多数国家都越来越倾向于将集权与分权进行适当组合，但有一点不可动摇的是：中央税权占主导地位的总体情况保持不变。无论联邦制还是单一制国家，在财政体制、政府间支出责任划分、财政转移支付、税收权限的划分（各层级政府税种、税率、税收征管）等方面都有着明确、具体的法律规定，这是市场经济体制不可或缺的。

（一）分权型国家代表——美国

美国是分权型国家的代表。在税收管理权限上，美国次联邦政府一直拥有相对独立的地方权限，包括制定税法、开征或废止税种、确定税率、选择征税方式方法、决定税收政策等，但近年来，美国也出现了一定的集权趋势，如频繁使用“优先立法权”扩大联邦政府权力。但这并没有改变美国在政治、法律上赋予地方较大税收自主权的事实，美国的地方政府仍然具有相对独立的对本辖区经济资源或经济活动课税的权力。因此，美国政府虽然具有根深蒂固的分权传统，但也不恪守分权教条，体现出全球化、宏观经济运行复杂化对中央与地方关系的挑战。

（二）集权型国家代表——法国

法国是集权型国家的代表。由于历史的集权传统，法国一直强调政府对经济的干预作用，实行较为明显的集权式分税制，中央政府不仅取得了绝大部分的税收收入，而且拥有较大的税收管理权限。随着社会党在 1981 年执政，法国实行了财权分散化

❶ 在治理绩效上，与支出责任和收入权力同时下放的财政分权类型相比，那种只将支出责任下放、收入权力上收的财政分权易产生一系列地方激励的扭曲成本，如类似“粘蝇纸效应”的财政激励成本、存在于转移支付决定过程中的政治谈判成本等。转移支付这种筹资方式并不具有比赋予地方财力更大的信息优势。

的改革，核心是适当扩大地方税收自主权，也将印花税、汽车税、环境保护税等中央税种下放给地方。地方政府在中央政府的授权范围内享有较大的税收管理机动权力，如根据本地的具体情况对地方税收的税率可以进行适当的调整；有权开征一些地方性捐费，如卫生费；有权对纳税人采取某些减免措施；在中央授权的范围内，地方可以开征如娱乐税等零星税种。法国的税收划分格局近年来呈现出地方税比重逐步提高的趋势，说明高度集权的法国也开始重视地方权限的适度扩张。

美国和法国属于分权和集权中的两个极端，近年均存在着集权和分权此消彼长的“钟摆定律”。除此之外，西班牙、意大利等国也在不改变原有国家结构的前提下，积极推进中央与地方权力的重新分配，确立地方分权的新模式。各主要西方发达国家（美国、德国、英国、日本等）都极为重视集权和分权的有机结合。

现代经济是公共部门和私人部门共存的混合经济，既强调市场的基础作用，也不排除计划的调控功能。正是在这样的经济背景下，无论是集权国家还是分权国家，都开始摆脱国体的羁绊，朝着集权与分权相结合的方向前进，并结合本国政治、经济发展状况，适时进行必要的调整和平衡。

二、各国具有相对独立的地方税体系

地方税体系日益成为现代国家公共财政体制不可缺少的一个重要组成部分，地方税体系的地位和作用日益突出和重要。

尽管国情各异，各国基本都形成了各具特色、相对独立的地方税体系，为地方政府履行职能提供了重要的财力支持和保障。

此外，各国政府都十分注重地方税主体税种的培育，一般都选择两到三种税作为地方税主体税种。美国各级政府都有自己的主体税种：州一级一般以销售税为主，其收入占本级税收收入的比重高达 60%；基层政府主要以财产税为主，其收入占本级税收收入的比重超过 70%，上述税收均为地方政府提供了稳定的收入来源。

三、财产税均为地方政府主体税种

从前文的分析可以看出，绝大多数国家都将财产税作为地方税的主体税种。如比利时、希腊、爱尔兰、以色列、新西兰、英国等国家的财产税在地方税收中平均占到 70% 以上，其中英国的地方税收入几乎全部都是来自财产税。财产税具有作为地方政府主要财源的良好禀赋：税基稳定、分布均衡、透明度高、体现受益原则、税收增长具有稳定预期等。

除财产税外，许多发达国家将所得税作为地方税主体税种，尤其是以瑞典、芬兰、丹麦、挪威为代表的北欧福利国家，其地方税收入中所得税占到70%以上，但所得税征管难度较大，具有较高的经济发展阶段门槛，这对发展中国家是一个严峻的考验。

综合起来，典型国家的地方税体系可以概括如表3-5：

表3-5　典型国家地方税体系和中国地方税体系比较

	美　国	日　本	德　国	法　国	中　国
政治体制	联邦制	单一制	联邦制	单一制	单一制
税收立法权限	三级议会均可在联邦宪法规定的范围内确定自己的税收制度，并实行联邦对州的“优先立法权”	国会掌握税收立法权；地方政府根据政令制定条例（如征管条例和实施细则等）；地方收不抵支可经中央批准开征普通税	宪法明确三种税收立法权：联邦的排他立法权、共同立法权和州的排他立法权，但主要集中在联邦	税收的立法权、开征权、税目确定权、征税范围主要集中在中央。地方拥有一定的税收立法权和税政权	税收立法权集中在中央，即全国人民代表大会及其常委会，国务院可以依据全国人大的授权制定有关税收法律法规。地方只享有有限的税率税额调整权、实施细则制定权、税种减免税权等，所涉及的税种税收筹资能力有限
主体税种	联邦：个人所得税、公司所得税和社会保障税 州：销售税、总收入税 地方：财产税	中央：个人所得税、法人所得税 都道府县：居民税、事业税 市町村：居民税、固定资产税	中央：增值税、所得税和营业税、消费税、关税 州：遗产与赠与税、啤酒税 地方：不动产税、娱乐税	中央：个人所得税、公司所得税、增值税、消费税、登记税、印花税、工资税和关税等 地方：职业收入税、居住税、财产转移税、娱乐税、房地产税、工资税等	地方：“营改增”后地方缺乏主体税种；地方税制老化；收入弹性低；征管成本高 中央与地方的税种划分实行较为广泛的共享税：增值税、企业所得税、个人所得税等
税收收入划分	按税源分割收入，三级政府同时开征的税种共享税源、税率分享	完全按税种分割收入，不设共享税	共享税为主、共享税与独享税相结合	按税种分割收入，大税种全部归属中央，不与地方分成	中央税、中央与地方共享税和地方税，中央收入（转移支付前）所占比重高于地方收入。

续 表

	美 国	日 本	德 国	法 国	中 国
征管机构	三级政府各有一套税务机构	国税系统和地税系统，三级政府各有自己的税务机构，各征各税	分为联邦、州、地方三级，各州和地方税务局负责具体的征收	税务总局领导的税务系统和公共会计局领导的国库系统	五级政府各有国税和地税两套税务机构，实行垂直管理
优点	财权清晰，地方收入稳定、积极性高	中央集权，地方自主权大、收入稳定	税权集中，财权和事权、各地区之间的财力基本平衡	中央调控能力强，财权清晰，高效节约	保证了中央一定的宏观调控能力和地方一定的积极性
缺点	税权较分散，不利于中央宏观调控	税收成本过高	税收的跨州分配较为复杂	地方财政过于依赖中央，地方自主权小	财权财力相对集中，事权相对分散，财权财力和事权不明，地方缺乏主体税种，地方税种老化

第三节 地方税体系的国际借鉴与启示

通过对国际上不同类型国家地方税体系的比较研究与分析，我们可以看出，各国在地方税体系模式的选择上，综合考虑了该国政治经济体制、社会发展水平、历史传统等因素的影响，这些国际经验为我国地方税体系的构建提供了有价值的参考与借鉴。

基础：适合国情的税权划分

值得注意的是，尽管每个国家的具体国情有很大差异，但几乎各国都强调中央税权的绝对主导地位，使地方税权从属于中央税权，并受到中央税权的制衡。即使是美国这样典型的政治分权型联邦制国家，地方政府虽然享有高度自治权，但依然受到联邦政府在税收权限上某种程度的制衡。

政体结构是一国税权划分模式选择的关键因素。单一制国家和集权制国家大多选择集权型税权划分模式；联邦制国家和分权制国家则一般选择分散型税权划分模式；而介于二者之间的适度分权型税权划分模式则既存在于单一制国家，又存在于联邦制国家。

联邦制国家的各级政府的税收立法权和行政管理权一般都相对独立，而在单一制和集权制国家中税收权力则主要集中于中央政府。但是，政体结构只能看作是决定或影响税权划分的考虑因素之一。

从各个国家税权划分的实践来看，最高立法机构和中央政府都掌握基本的税收法律法规的立法权，但在强调中央税权主导性的同时，都不同程度地赋予地方一定的税权。

依据征管效率和课税客体属性划分中央和地方税种。税基流动性比较大的所得税、商品税，划归中央政府征收的效率比较高；财产税具有税基比较固定的特点，因而在大多数的国家都划归为地方税。

由于各国国情不同，不存在一个标准统一的地方税权划分模式，税权划分的选择应该从自身国情出发，而不能生搬硬套。

核心：科学合理的税制设置

各国地方税税种设置上具有以下共性和特征：

1. 主体税种设置

从税种的选择上看，财产税具有税基稳定、征管相对方便、体现受益原则等特点，因而是绝大多数国家选择作为地方税的主体税种之一。

除财产税外，把所得税作为地方税主体税种也是国际发展的新动向。所得税具有量能课税、体现公平、税源潜力大等特点，也能较好地体现受益原则，因此也是适于作地方税的税种。但所得税的税收征管水平比财产税的要求要高，这对地方政府的征税能力是一种考验。

2. 地方税的税种属性

绝大多数国家的地方税税种都是流动性较差、收入规模都相对较小、税源较分散的零星税种，对宏观经济的影响不大。

3. 税种划分形式方面

各国地方税中，除地方专有税种外，都存在一定规模的共享税。共享税弥补了地方专有税种天然的不足，是对地方财力的有力补充。

综上所述，各国地方税体系的建设都将主体税种的构建作为核心内容。根据本国国情和特点，各国选择了不同的税种或税种组合作为本国地方税的主体税种，财产税或所得税成为大多数国家地方税主体税种的选择。在地方税的选择上，一般选择那些税基广泛、税收规模较大、具有适度收入弹性、基于利益原则、便于地方征管的税种。

目标：合理确定的收入规模

地方税收入占税收总额的比重，与地方政府的职责有很大关系。地方政府职责较大从而事权责任相对较多的国家，其地方税收入占税收总额的比重一般都比较大；反之，地方政府职责较小的国家，其地方税收入占税收总额的比重较小。从国际经验看，分权制、联邦制国家这一指标的数值相对较大，而集权制、单一制国家这一指标的数值则较小。

充足的地方财力是促进地方政府提供地方公共服务、促进地方社会发展的有力保障。从我国目前地方税收入规模来看，地方税收入占全国税收入的比重、地方税收入占地方政府财政收入的比重分别为48.76%和78.09%（2013年）[1]，与世界其他国家相比较，基本上处于合理的区间范围内。但每个国家的国情和社会发展阶段不同，不可能有放之四海而皆准的固定模式，我国地方税收入规模的合理确定，还必须与我国的基本国情相符合。

保障：严密完善的税收征管

外国地方税征管机构的设置，大致可以总结划分为两种情况：

一种是全国分设两套税务机构，国税和地税分别负责中央税和地方税的征管，两套机构相互独立，各司其职，职责分工明确；

另一种是全国只设立一套税务机构，分税但不分机构，地方税务机构只是作为国家税务总局的派出机构，征收地方税，并向地方政府负责，同时接受国家税务机关的领导与管理。

税收只有通过税务机关的征管，变成国家的财政收入，才能实现政府提供公共服务和发展社会的政策目标。发达国家的地方政府一般都具有较强的税收征管能力，各级税收征管部门之间建立了比较完备的税收信息共享和协调机制，有效减少了偷税漏税行为和重复征税，避免了各级政府在争夺税源方面的矛盾。这对我国的地方税体系建设有重要的启示作用。

[1] 根据国家统计局网站数据测算。

第四章　我国地方税体系建设的构想

完善地方税制体系是一项艰巨而复杂的系统工程，要按照优化税制结构、公平税收负担、规范分配关系、完善税权配置的原则来健全地方税制体系。本章将在参考和借鉴其他国家地方税体系建设的先进经验并结合我国具体国情的基础上，提出构建有中国特色的地方税体系的总体思路和制度框架。

第一节　我国地方税体系建设的总体框架

一、地方税体系建设的总体目标

根据税制改革的目标和要求，结合当前我国国情，构建中国地方税体系的总体目标应该是：以保持中央和地方税收分配格局总体稳定为前提，以优化税制结构为基础，构建能够稳定地保障地方各级政府公共基本支出需要、有利于加强地方税源控管、维护市场统一、促进社会公平、合理引导地方政府行为的具有中国特色的地方税体系。

具体来讲，要实现这一总体目标，成功构建起中国地方税体系，必须完成好四大任务：

第一，要建立稳定的税收收入体系。通过完善地方税制，从制度层面固化地方税收入体系，建立科学合理、稳定增长的收入机制，为地方政府提供有保障、可持续的税收收入，做到地方财力与支出责任相匹配，以满足各级地方政府保障改善民生、提供公共服务等支出需要。

第二，要建立合理的税权管理体系。按照保持中央相对集中、给予地方适当分权的原则，通过合理界定、有效配置地方税权，优化中央和地方财税关系，充分调动中央和地方两个积极性，促进“两个比重”保持在适度合理水平。

第三，要建立完善的税收制度体系。按照“简化税制、稳定税负”的要求，采取重构地方主体税种、税费联动改革、开征新税等改革措施，完善地方税制体系，充分发挥税收在筹集收入、调控经济等方面的职能作用，促进地方经济结构的优化调整，调节社会财富，缩小收入差距，引导市场主体公平竞争。

第四，要建立科学的税收征管体系。通过调整规范国税、地税之间的关系，包括划清征管范围、界定部门职责、加强国税地税合作等，避免职责不清、职能交叉，进一步规范税收征管，提升征管效率，减少税收流失，降低征纳成本，提高纳税人的税法遵从度和社会满意度。

二、我国地方税体系税制建设的总体框架

地方税体系的构建是一个系统工程，需要从全局的角度和战略的高度来对我国地方税体系的构建进行整体把握和设计。

我国目前地方税税制结构中，三大共享税（国内增值税、企业所得税、个人所得税）也具有重要地位，共享税地方分享部分是对地方财力的有力补充。在我国当前“营改增”导致地方财力减少的格局下，学界建议对共享税的分享机制和分成比例进行改革，提高共享税的地方分成比例，同时降低中央的分成比例，如将增值税的中央与地方分成比例调整为 60 ： 40 或者 50 ： 50。不过，提高增值税的地方分享比例可能会激发地方政府不断加大投资力度，热衷于上大项目，片面追求 GDP 增长。此外，提高地方的共享税分享比例，会大幅减少中央财力，从而减少中央对中西部经济欠发达地区的转移支付和税收返还，加剧我国区域经济发展的不平衡。有鉴于此，提高增值税等共享税的地方分成比重应当慎之又慎。

因此，本书认为，现阶段我国共享税体制不宜做过大的改动，而应通过不断健全和强化地方税收体系，改革和完善财政转移支付制度，促进公共服务水平的均等化。

基于以上分析，本书对共享税不做深入探讨。

（一）地方商品和劳务税改革

地方商品和劳务税的改革目标是调整开征零售环节销售税，或将消费税改为地方税，构建地方主体税种。主要有两种思路：一是取消零售环节增值税，整合消费税、车辆购置税，在零售环节对消费者购买的商品、产品开征零售销售税（零售税），并将此税种设置为地方税；二是对现有的消费税进行改革，扩大消费税征收范围，调整部分消费品的税目和税率，并根据有利于税源控管的原则，改为零售环节征税，并划

归为地方税，打造成省级地方税主体税种。

（二）地方财产行为税改革

地方财产行为税（见图 4-1）改革的目标是建立起涵盖购买、保有、转让交易各环节的对房屋、土地、车船和无形资产征收的财产税体系。

1. 房地产税改革

总体思路是借鉴国际经验，统筹企业和个人，统筹房产和地产，引入房地产估价体系，对房地产保有环节按评估值计征房地产税。同时整合、简并现有的土地增值税、耕地占用税、印花税、契税和营业税等诸税种，建立起涵盖房地产保有及流转环节的房地产税收体系，并打造成市（县）级地方主体税种。

2. 车船税改革

车船税具有促进节能减排、调节财富分配的作用。为了充分发挥其双重作用，需要改革和完善车船税的计税依据，将目前按照排气量征收的定额税制调整为“按排量征收”与“按价值征收”相结合的复合税基制度。

3. 契税改革

适当扩大契税征税范围。将营业税“无形资产”税目纳入契税课税范围，除证券交易项目外，将其他产权凭证缴纳的印花税合并纳入契税的征收范围，同时停征印花税，以解决税基重复造成的重复征税问题。

4. 城市维护建设税改革

将“城市维护建设税”更名为“城乡建设发展税”；对“教育费附加”和“地方教育费附加”实行费改税，并入城乡建设发展税；改革计税依据，将原城市维护建设税依据增、消、营三税税额附属征收，改为按照纳税人的销售收入（或营业收入）为依据独立征收，并实行城乡统筹的单一比例税率。

5. 资源税和环境税改革

资源税改革：一是要逐步扩大课征税目范围，逐步将水、森林、草场等自然资源纳入资源税征收范围；二是改革现行计征方法，根据不同特点的资源项目，采用从量计征和从价计征两种方式；三是要推动资源产品费改税。

环境税改革则主要是对现行排污费实行费改税，先行开征环境保护税。征税对象包括：企业、单位和个人排放的各种废气、废水和固体废弃物以及难以降解和回收再利用的包装物等。在条件具备时，开征碳税。鉴于环境污染的核定具有专业性，在环境税的征管方面，可以实行“环保部门核定、地税部门征收”的征管模式。

地方税主体税种在整个地方税体系中处于核心地位，决定地方税体系收入与调控职能的大小和强弱。从国际经验来看，国家地方税主体税种收入一般都占到该国地方税收总额的1/3以上。选择地方税主体税种时，不仅要考虑弥补地方财力的因素，还应考虑其是否有利于稳定政府间财政关系、是否有利于促进地方政府职能转变、是否有利于统一市场的形成。理论联系实际，未来我国省级政府应建立以零售销售税为主，市（县）级政府应建立以财产税为主，以行为税、目的税为辅的分级主体税种地方税制体系。

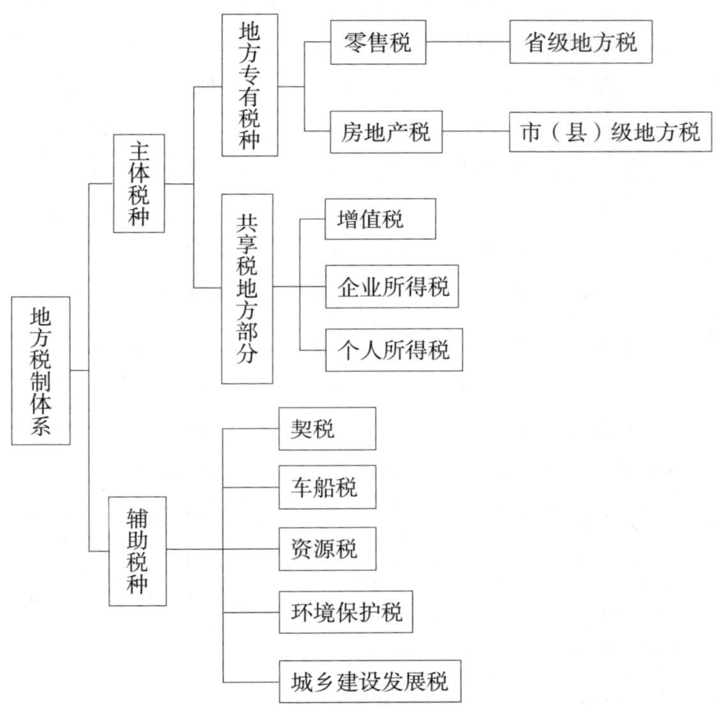

图4-1 我国地方税体系税制建设的总体架构

第二节 销售税改革

在“营改增”大背景导致我国传统营业税为主体的地方税体系面临挑战的形势下，一些专家学者将目光投向了销售税，认为可以在生产环节照旧开征增值税，把商品的销售环节剥离出来，单独征收销售税，地方政府的税收收入主要来自于销售收入，从而使销售税成为地方的主体税种。

销售税（Sales Tax）是以销售的应税商品和服务为课税对象课征的一类税，通常法律规定由卖方在销售商品和服务时向买方收取。销售税可以是价税分离的显性税，也可以是价税合一的隐性税，一般是按照商品和服务销售额的一定比率来收取。

销售税亦称“营业税”“交易税”“商品流通税”“一般销售税”等。课税商品既包括资本品（生产资料），又包括消费品（生活资料），一般以商品的生产者、销售者为纳税人。销售税的课征环节可分为两类：一是在产制、批发、零售某一个特定环节课征，以商品的销售额或销售量为计税依据。这种类型下，在产制环节课征的销售税，一般称“生产税”或“产品税”（Manufacturers' Sales Tax）等，在批发或零售环节课征的销售税，一般称“批发税”（Wholesale Sales Tax）和“零售税”（Retail Sales Tax）；二是在产制、批发、零售各个流转环节课征，一般称“流转税”（Turnover Tax），如目前世界各国广泛施行的增值税。而目前世界和我国施行的消费税（Excise Tax）是一种特殊形式的销售税。大多数发达国家销售税的纳税环节设置于零售环节，以避免多重课税对物价的影响，减少税负转嫁的困难，而发展中国家销售税的纳税环节通常设置于产制环节，主要从便于征管考量。

销售税的税源来自于居民的消费支出，随着经济的发展以及人们生活水平的提高，居民的消费支出将不断上升，从而使得销售税成为一种成长性很好的税种。

目前对我国地方税设立销售税这一改革，理论界有两种主要思路：一是取消零售环节的增值税，并将相关税种进行整合，开征新的零售环节的销售税，即零售税；二是对现行消费税进行改革，将其下移到零售环节，改造成零售环节消费税。下面将围绕上述两种方案的设想进行探讨和论证。

一、方案一：改零售环节增值税为零售税

零售销售税设立的基本设想是，在零售阶段就消费者购买消费品的消费支出征税，税款由消费者支付，零售业者负责代收代缴。

（一）零售税作为地方税主体税种的可行性分析

目前，世界上主要经济体中，除了财产税外，地方政府也将商品税作为地方财政收入的重要来源，其中开征零售税比较典型的国家是美国和加拿大。

尽管理论上商品税由于税基流动性大、地方征管和纳税遵从成本高，不太适合作为地方税，但在零售环节开征销售税并作为地方主体税种，也有很多好处：

一是有利于促进经济发展方式的转变。由于零售税的税收与地方居民消费水平直接挂钩，会刺激内需，激励地方政府竞相改善消费和投资环境，有助于我国经济增长

模式从出口导向型和投资拉动型向内需消费驱动型的战略性转变，从而引导我国产业结构的转型和升级；

二是可以真正地通过居民消费引导企业投资。随着市场经济的逐步完善所带来的消费者主权（Consumer’s Sovereignty）的兴起，消费社会的主导大权已从企业和厂商转移到消费者手中，消费者成为起支配作用的一方，生产者应当根据消费者的意愿来进行生产。零售税的开征将消费者手中的货币选票变成引导全社会生产和投资的指挥棒，所带来的经济发展方式的转变将促使企业更注重消费者的经济利益。这种消费者统治的经济关系，可以促使社会的经济资源得到合理的利用，从而提高全社会消费者的福利水平；

三是税收增长潜力大。随着社会的发展和人民生活水平的提高，大众消费时代将很快来临，以零售消费额作为税基的零售税将成为一个有巨大增长潜力的税种，成为弥补“营改增”后地方财力缺口的地方税主体税种的理想选择；

四是有助于地方政府职能的转变。由于零售税的税源主要是来自于本辖区内居民的消费，因而零售税的开征会促使地方政府更多从维护本辖区消费者利益出发，完善消费基础设施，推动消费需求的增长。

诚然，现阶段我国开征零售税也存在不少弊端：

一是开征新税可能会引起社会大众的误解和抵触情绪，最终可能降低全社会消费需求，进而影响生产，损害经济发展；二是由于零售税具有累退性，可能加大贫富差距；三是纳税人众多，导致税源管理和征管难度大，增加税务行政成本和纳税人的奉行成本。

将零售税作为州政府的地方主体税种，美国、加拿大等国已经先行一步。在零售环节向消费者征收零售税，并将其确定为州以下政府主体税种，是美国自开征以来一直采用的政策。虽然流转税的最主要形式是增值税，全世界有超过 100 多个国家开征了增值税，但美国却是 OECD 国家中唯一没有采用增值税而推行零售税的国家。美国零售税起源于 20 世纪 30 年代的经济大萧条时期，由于当时州政府传统依赖的财源，如所得税和财产税收入逐渐萎缩，于是州政府转而以零售税作为融通政府支出的工具，密西西比州于 1932 年率先推出这一制度。目前大约有 45 个州与哥伦比亚特区对有形商品的购买征收零售税，零售税已成为美国州政府重要及可靠的财源。

上述分析表明，开征零售环节销售税并将其作为地方税主体税种，在理论和实践上都是可行的。

（二）零售税的税制设计

1. 纳税义务人

零售税的纳税义务人为我国境内零售环节购买应税消费品的企业单位和个人。

需要注意的是，和增值税的多环节征收不同，由于零售税只在零售销售环节一次性征收，需要税务部门制定规则条例对零售行为进行详细的界定，以明确卖家何时属于零售商，以登记缴纳零售税，何时属于批发、贸易等中间商，从而免缴零售税。

对生产经营者购买是否课税的问题，需要作特别探讨。

从课税货物的用途上讲，零售税是消费者购买后直接用于最终消费的消费品。所以，零售税应仅就消费者的消费支出课税，不应对为了生产目的所购买用于中间产品的经营者课税。但是，经营者在销售货物时可能无法确定购买者是基于何种动因的购买。解决这个问题有两种方案可供选择。

第一方案：在税制设计时不需要经营者去辨认购买者的购货用途，无论是经营者消费支出还是个人消费支出，在消费行为发生时一律由零售业者代征零售销售税。假如企业购买货物是用作产品的原材料、辅助材料等来经营生产，则其再次发生销售行为缴纳增值税时，该部分购进货物的进项税额因为没有增值税专用发票是无法抵扣的。为了消除重复征税，纳税人可凭零售环节的购货发票和生产耗用情况，到地方税务机关申请退税。假如企业购货支出是为了经营活动所必需的消费，则不存在日后退税问题。这一方案的优点：一是可以有效降低零售业者代收税收的额外负担；二是确保了增值税专用发票抵扣凭证的规范统一。

第二方案：增值税和零售税在零售环节并存。对消费者的自用消费购买行为缴纳零售税；对企业的生产经营购买行为，仍由销售者缴纳增值税。这一方案很好地规避了前述方案的缺陷，但会增加销售者对销售行为的识别成本，同时经营者还会同时面对国税、地税两家税务机关的征收管理，交叉征管问题明显。

基于我国国情，笔者认为，在零售环节征收零售税，对经营者购买应采取第一方案比较可行。

2.征税对象

零售销售税的征收对象是货物和劳务，但通常只适用于商品，而不适用于劳务。传统上，美国的零售税一直局限于有形商品的销售，虽然近年来，部分州政府由于面临财政上的困境，开始逐步扩展到对劳务课税，但总体上看，美国现行零售税的最大特征在于多数州只对有形商品的销售课税，而对劳务不征税。由于我国现行营业税和增值税已经涵盖了对劳务的课税，所以劳务就不应再被纳入零售税的课税范围，即：从课税对象上看，拟开征的零售税只应是有形货物，又可分为有形动产和有形不动产。按照零售税的税制设计和设想，目前的汽车零售和房地产销售理应纳入拟开征的零售税的课税范围，所以开征零售税，就应该取消现行的车辆购置税，将其合并到零售环节销售税中，至于税款仍可采用现有车辆购置税专款专用模式；至于不动产的转让，只有新建住宅需要缴纳零售税，已建住宅的交易通常是免缴零售税的，因为个人对个人的交易不属于零售（商户对个人的销售才是零售），不需要缴纳零售税。这会大大降低二手房交易的成本，有利于改善和提高作为二手房购买主体的中低收入人群的福利水平。

对电子商务是否课税的问题，理论上讲，电子商务和实体店销售只存在销售方式的差异，并不存在本质的区别，应该同样征税。但鉴于我国电子商务尚属起步阶段，从促进其发展的角度出发，电子交易销售税的设计可以相对简化，同时电子商务的不同模式应区别对待：商家对商家的交易模式（B2B）依然缴纳增值税；商家对消费者的交易模式（B2C）则缴纳零售税；而消费者对消费者的交易模式（C2C），则给予免税待遇。[1]

3. 计税依据

从理论上讲，零售税的课税依据是消费者支出，包括纳税人为了使用及消费目的所从事的商品与劳务的最终购买。因此，零售阶段所课征的零售税应包括消费者所有购买的商品及劳务，至于中间投入则应该排斥在税基之外。

美国由于没有增值税，其零售税于零售阶段对消费者支出全额（即零售商收入全额）课税，将中间投入纳入税基之中，类似于我国的小规模纳税人增值税计税方式。而我国因为有增值税，对纳税人的生产、批发行为是就其增值额征税，所以零售环节征收零售税不可以对消费者支出全额（零售商收入全额）课税，否则将导致重复征税。

因此，我国在零售环节开征零售税，应以本环节零售商的增值额为计税依据。但是，这样的税制设计又会使税收征管变得非常复杂，因为零售业者在纳税人每次购物时都必须代征税款，而此刻能够获得的信息就是商品的销售价格（即消费者的消费支出）而不是商品在本环节的增值额。为了降低税收征管成本，尽量减少零售业者代征税款的额外负担，可以用商品的销售价格（即消费者的消费支出）作为计税依据，然后通过税率设计来体现对本环节增值额征税的税制设计理念。

对零售税采用显性税（tax-exclusive）还是隐性税（tax-inclusive）的问题，需要作特别探讨。

零售税税款由消费者在购买应税消费品时由零售商代扣代缴，其税制设计模式有两种选择，即“价税分离式”（显性税模式）与“价税合并式”（隐性税模式）。

“价税分离式”模式下，商品的价格是不含税价，消费者所要缴纳的税款在销售单据或发票上另行注明，消费者对购买商品应缴纳的税款一目了然。其优点：一是有利于

[1] 吕冰洋．零售税的开征与分税制的改革[J]. 财贸经济，2013（10）.

正确引导人们的消费行为，促进人们理性消费；二是有利于加强纳税人对地方政府用税行为的监督，促进地方政府更好地履行职能；三是有利于避免经营者以投机取巧谎报销售额或力争减免税的方式来增加利润；四是有利于实现流转环节商品标价方法的统一。但由于我国商品所标示的零售价格一直以来都是采用价税合一的隐形税模式，这种价税分离模式的初次引入会对传统的价格标示方法产生冲击，使消费者误认为政府开征了新的税种，从而极有可能招致消费者心理上的抵触和行为上的抵制，引起全社会消费需求递减，进一步引发内需不足。为此，税务部门加强税收政策宣传显得非常必要。

“价税合并式”模式下，商品的价格是含税价，税款不在销售单据或发票上单独注明，这和我国目前商品零售价格的标注方法一致，与我国现行零售环节增值税的设计基本相同。该模式的优点是，可以最大限度地降低社会大众对新税种开征的抵触情绪，对当前的消费需求造成的影响较小。但这一模式仍未解决原来零售环节增值税价税合计的设计框架，纳税人缴纳税款较为隐秘，对培养纳税人的纳税意识是极为不利的。

从国际经验来看，零售税的税率通常采用价税分离的显性税模式，因此，综上所述分析，笔者认为我国的零售税应采取价税分离的显性税标价模式比较可行。

4. 税率

税率是一个税种设计的重要因素，对零售税的税率设计，是实行统一税率还是幅度税率问题，需要认真研究。

零售税作为地方税，应适当考虑给予地方一定税收自主权，因此，可以采取中央确定幅度税率，由地方结合本地消费情况自行确定具体执行税率。但为避免地区间执行税率差异太大，造成不同商品相对产出的扭曲，零售税的税率跨度不宜太大。

对于零售税税率的确定，从国际经验看来，一般认为采用价税分离的零售税的税率应在 4% ~ 6% 之间，低于增值税的标准税率、高于 10% 的零售税税率将由于可能导致大量的逃税行为而难以监管。我国有学者认为零售税税率设定在 5% 左右比较合适，这样既可与目前营业税中服务业的税率持平，也与增值税小规模纳税人适用的 3% 税率差异不大。❶

从税制设计的连贯性和不增加消费者税收负担的原则出发，借鉴国际经验和联系我国实际，可以设定我国零售销售税的基本税率为 1% ~ 5%，具体执行税率由各省自行决定，报财政部和国家税务总局备案。

需要注意的是，考虑到我国流转税为主的税制结构，为避免开征零售税后加重居民的税负水平，建议将目前我国增值税的最高边际税率从 17% 降低到 13% 左右，以

❶ 吕冰洋．零售税的开征与分税制的改革 [J]. 财贸经济，2013（10）.

大体保持居民整体税负水平不变，同时减少零售税开征的阻力。

5. 税收征管

零售税纳税方式，有自行申报纳税和代收代缴两种。

为了尽量降低税收征管成本，提高税收征管效率，零售税主要采用代收代缴方式，凡实体店零售的，零售应税消费品的单位和个人，为零售税的代收代缴义务人。

6. 配套改革措施

（1）取消现行的车辆购置税，将其并入拟开征的零售税；

（2）取消销售不动产营业税，将其并入零售税，但仅对新建住宅的交易征收零售税，不对二手住宅的交易征收零售税；

（4）印制价税分离的零售业销售发票，在所有零售行业普遍推行；

（5）出台零售税代收代缴管理办法，强化税款的源泉控管；

（6）将目前增值税的最高边际税率从 17% 降低到 13% 左右。

二、方案二：改革现行消费税

消费税（excise tax），也称为选择性销售税（selective sales tax）或差别商品税（differential commodity tax），主要以国内生产销售的某些特定消费品为课税对象，对不同商品按不同税率课征，课征环节单一。目的主要是为了调节产品结构、引导消费方向、提高政府财政收入。消费税的计税一般有两种方式：从价税（ad valorem tax）和从量税（specific duty），课税环节可以在生产环节，也可以在零售环节。

目前我国消费税收入[1]是排在国内增值税、企业所得税、营业税之后的第四大税种，近年来我国消费税收入规模呈不断上升的趋势，尤其是 2008 年金融危机以后消费税收入突飞猛进。2014 年我国国内消费税税收为 8907.12 亿元，占全国税收总收入的 7.5%。（见图 4-2）[2] 如果能够将目前属于中央税种的消费税划为地方税，归地方政府所有，将可以极大地弥补“营改增”后地方失去的财力。因此，有学者建议将现行消费税的征收环节由生产环节下移到零售环节，并将消费税作为地方税的主体税种，弥补“营改增”后地方财力缺口，重建地方税体系。

---

❶ 不包括进口环节消费税。

❷ 据国家统计局网站数据测算。

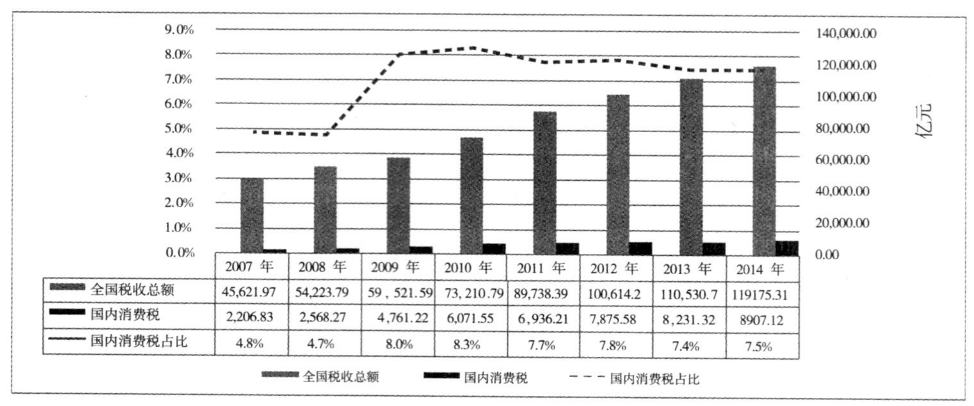

	2007 年	2008 年	2009 年	2010 年	2011 年	2012 年	2013 年	2014 年
全国税收总额	45,621.97	54,223.79	59，521.59	73, 210.79	89,738.39	100,614.2	110,530.7	119175.31
国内消费税	2,206.83	2,568.27	4,761.22	6,071.55	6,936.21	7,875.58	8,231.32	8907.12
国内消费税占比	4.8%	4.7%	8.0%	8.3%	7.7%	7.8%	7.4%	7.5%

图 4-2　我国消费税收入规模及占比

数据来源：国家统计局网站

注：国内消费税不包括进口环节消费税。

围绕这一改革思路，我们对消费税的改革展开如下分析：

（一）消费税的改革思路

2014 年 6 月 30 日通过的《深化财税体制改革总体方案》，对我国消费税未来的改革方向表述是“完善消费税制度”。根据上述有关精神，我国消费税的具体改革途径应为通过扩大消费税课税范围、调整消费税税率、改变计税方法和调整纳税环节等手段，对现行消费税进行改革，改为零售环节征收，并划归为地方税收。

（二）消费税改革的必要性

1. 构建地方主体税种的需要

“营改增”之后，我国地方财政将陷入主体税种缺乏的困境。通过消费税改革，不仅可以充分发挥税收的调节职能，而且有利于壮大地方财政收入，缓解“营改增”后地方财政收入的不足。

2. 引导消费促进地方经济可持续发展的需要

将源头课征的价内消费税改为零售环节的价外税，会切实增强消费者的“税负感”，有助于更好地发挥税收引导居民消费行为的功能。同时，进一步扩大现有消费税课税范围，将高能耗、高污染等产品纳入消费税课税范围，充分体现消费税节约资源、保护环境的征税意图，促进地方经济的可持续发展。

3. 转变地方政府职能促进产业结构调整的需要

在生产环节课征的消费税制度，使得一些省份过度依赖烟、酒等单一消费品的生产，并采取各种手段对应税消费品实施地方保护，不仅强化了地方经济对单一消费品的依赖，增加了产业转型的难度，而且使得全国范围内的市场资源配置遭到破坏，相关产业的整体效率受到损害，将生产环节的消费税改为零售环节征收，有利于减少地方政府对本地制造业的依赖，缓解地方重复建设、地方封锁和市场分割所带来的争夺税源的不当地方税收竞争。此外，将消费税改为零售环节征收，还有助于地方政府转变职能，促进各地争相改变消费环境，刺激消费需求，最终实现我国经济增长模式从投资拉动型和出口导向型向内需消费驱动型的战略性转变。

4. 完善现行流转税制的需要

我国现行消费税的课税环节主要在源头环节，只有金银首饰在消费环节。这一税制设计存在如下问题和缺陷：第一，消费税的转嫁性决定了生产商负担的消费税最终必然会由消费者承担，但零售环节的价内消费税，导致了对消费者征收消费税的隐秘性，而作为调控类的消费税，只有以价外税的形式征收，才能真正起到正确引导消费的目的；第二，在生产环节课税，会挤占生产企业流动资金，影响企业资金周转，不利于企业生产经营活动和社会生产的发展。而如果将消费税的纳税环节由生产环节改为最终消费环节，则可以有效地规避上述问题。

从课税对象看，对小汽车和摩托车在生产环节征收了消费税后，还会在零售环节征收车辆购置税。虽然纳税环节不一致，但税负归宿一致，税款最终都是由消费者承担。因此小汽车和摩托车消费税的功能与车辆购置税并无差异，两税重复设置，导致税制设计不清、车辆重复征税严重。此外，众多的奢侈消费品和消费行为并没有纳入课税范围，使得消费税出现税收调节空白带，制约了消费税功能的全面发挥。对消费税课税范围进行改革扩围，将车辆购置税并入消费税，应是消费税改革的一个方向。

从税率设计看，我国目前的消费税存在税率过低、调节乏力的问题。我国消费税的税率结构经过了几次调整，在一定程度上提高了高污染、高能耗产品的税率，但部分应税消费品的税率结构和税率设计不合理，与“两型”社会建设目标不尽一致。改革现行消费税，将其由生产销售环节下移到零售购买环节，将其培育为地方税主体税种，应是地方税主体税种建设的一个方向。

（三）消费税的税制设计

消费税的税制设计应该能够体现国家的政策目标和政策意图，适应经济形势的发展，充分发挥消费税对消费行为的调节和引导作用，促进节能减排、产业结构升级，保护生态环境和不可再生资源，落实结构性减税政策。

1. 纳税义务人

从中华人民共和国境内零售环节购买应税消费品的企业、单位和个人，为销售税纳税义务人。受托加工（除另有规定外）、委托零售应税消费品的，视同受托方发生零售行为。

2. 征收范围

消费税施行至今已近二十个年头，随着时代的发展，对于消费税征税对象的界定也应与时俱进。目前的消费税共分为15个税目[1]，其中的某些税目从过去人们认知里的"奢侈品"正在逐步成为大众消费品，如普通化妆品、小汽车、摩托车等，而一些新的高档消费品，如私人飞机等已经成为新的"奢侈品"。为充分发挥消费税的调控职能，可以考虑对消费税的征收范围进行以下改革：

（1）将符合节约性课征原则、资源稀缺以及能耗和污染较高的部分消费品纳入征收范围，充分发挥消费税促进节能减排和引导理性消费的作用。在环境保护税尚未开征的情况下，加大对高污染和高能耗产品的税收征管力度，可以抑制此类产品的产销与消费。例如，可以将造纸、印染、电解、电镀、金属冶炼等行业相关产品以及塑料袋、一次性餐盒、一次性电池等纳入消费税税目。对已与民众生活息息相关的消费品应该从税目中去除，如啤酒、黄酒、摩托车等；

（2）增加针对高档服务消费的税目。如高档娱乐消费、高级家政服务等，这些服务产品本身附加值高，消费此类服务的消费者一般属于高收入人群，为了对这类服务的消费实施调控，改善收入分配，促进税收公平，需要将此类服务纳入消费税征税范围；

（3）增加奢侈品的消费税税目。奢侈品的消费快速增长使得此类消费品将来很可能成为我国税收的一个新的增长点。应考虑增加奢侈品的税目，如私人飞机、高档住房、高档工艺品等。

3. 税率

税率是税制设计的核心要素，消费税的税率设计应该既能体现对经济的调节作用，又不能抑制生产发展，影响消费税的财政收入功能。

（1）提高部分消费品的税率。一是资源类商品，如实木地板、木制一次性筷子等目前设置的5%的税率过低，难以起到抑制消费、保护环境资源的作用，应将适用税率大幅度提高到10%或更高；二是对有损健康的消费品，如烟、酒等。当前，高

[1] 原有消费税税目为14类，包括烟，酒，化妆品，贵重首饰及珠宝玉石，鞭炮，烟火，成品油，汽车轮胎，摩托车，小汽车，高尔夫球及球具，高档手表，游艇，木制一次性筷子和实木地板等。2014年11月28日，财政部发布《关于调整消费税政策的通知》，决定自2014年12月1日起，取消气缸容量250毫升（不含）以下的小排量摩托车消费税，取消汽车轮胎税目，取消车用含铅汽油消费税，取消酒精消费税。2015年1月27日，财政部发布《关于对电池、涂料征收消费税的通知》，自2015年2月1日起对电池、涂料征收消费税，适用税率均为4%。至此，我国目前消费税的税目品种为15类。

价烟、酒不仅具有“炫富”的功能，而且经常成为行贿受贿的工具，建议适当提高高档烟、酒的平均税负水平。对于白酒，可以借鉴日本的经验，改目前的单一按价格和数量复合征收为按酒的度数设置差别比例税率加从量计征。对于奢侈品，如私人游艇、高档手表、高尔夫球具等是富人的炫耀工具，目前10%、20%的税率过低，可以分别定为30%或更高，以实现消费税对收入分配的调节作用。

（2）适当降低一些消费品税率。对大众消费品，如化妆品，尤其是化学类化妆品，可以由当前的30%的税率降低到10%以下，部分可以取消征税；大众型小汽车的税率也可适当下调。

（3）新增消费品的税率设定。普通消费品，如造纸、印染、电解、电镀、金属冶炼等行业相关产品以及一次性电池、塑料袋、一次性餐盒等消费品，由于对生态环境的破坏作用大小与此类消费品的使用数量有很大关系，建议适用从量计征的方法。

对近年来兴起的一些奢侈消费品，如私人飞机、高档住房、高档箱包服装等是富人的炫富工具和财富的标志，应课以重税并按价格从价计征，税率可以设定为30%或更高。对高档娱乐消费、高级家政服务、桑拿、高档洗浴、高档餐饮服务等高端服务税率的设定，可以参照营业税娱乐业实行10% ~ 30%的幅度征税。

需要注意的是，近年来出现了我国公民到境外购买高档消费品进行购物旅游的趋势，使得我国的税收受到很大的侵蚀。因此，在对高档消费品进行消费税税制设计时，合理确定课税范围和税率是值得进一步探讨的。

4. 计税依据和征收管理

消费税的改革是将现行的消费税由价内税改为价外税，并将征税环节由生产环节转移到零售消费环节。

相对价外税，价内税是一种比较隐蔽的课税形式。价内税也使消费者所负担的税收隐蔽化了，降低了消费税的透明度，削弱了消费税的调节作用，与税制设计要求公开透明的原则和要求相背离。将消费税由价内税改为价外税，有利于提高税收的透明度，正确引导消费需求，调节消费结构。

改革后的消费税的计税依据依然参照现有消费税的办法执行。

目前，我国金银首饰的消费税在零售环节征税，金银首饰消费税的征收经验可以作为改革后消费税征收管理的借鉴。

三、销售税改革方案的比较与评价

在我国现行经济、税制结构下，推进销售税的改革是大方向、大趋势，以上两种销售税作为地方税主体税种的改革方案各有利弊，针对以上两种方案，比较分析如下：

（一）销售税改革方案的比较

（1）零售税改革方案。在取消零售环节增值税改征零售税改革方案中，首先面临的是增值税与零售税并行征收的理论依据问题。在一国商品劳务税体系中，增值税与消费税并存征收的较多，而增值税与零售税并行征收的较少（在联邦制国家有，但个案极少），因为这种情形在理论上破坏了增值税抵扣链条的完整性。同时，如何对商品生产、批发与零售进行界定和划分，也是征税部门将面临的一个十分棘手的问题。

在社会认同方面，由于规范的零售税是价外税，如果开征零售税并采取价外税方式征收，则容易引起社会大众的误解和抵触情绪，政治风险比较大。

（2）消费税改革方案。在消费税改革方案中，消费税的主要功能是用于特殊的财政需要以及调节特殊消费品或特定消费行为，重在体现政府的政策导向，因此，从理论上讲，消费税适宜作中央税，而不太适合作为地方税。

从传统的观点来看，受益税多作为地方税。对绝大多数的私人消费品课征的消费税具有受益税的特征。但是还有一些消费品如成品油、汽车轮胎、小汽车等存在明显的外部性，如交通事故、空气污染、交通阻塞等，而且税基具有流动性，对其课征的消费税具有非受益税的特征，而非受益税应该由中央政府征收比较合理。

由于消费税是一种调节税，尤其是对奢侈品的调节，其本身具有收入再分配的调控职能，而根据税制设计的原则，具有收入再分配调节职能的税种一般被划定为中央税。否则，如果被设定为地方税，则经济发达地区的税收收入肯定比经济欠发达地区的税收收入高，这样在全国范围内造成更大程度的地区财富分配不平等，有违公共服务均等化的目标和原则。因此，消费税一般被设定为中央税。目前世界上只有部分国家征收地方消费税，如荷兰，省级政府可以在中央政府征收的车辆税基础上再加征一道附加税，税率由地方政府自定，但不得超过中央政府设定的最高税率。设置地方消费税的初衷也是为了调整和矫正消费品和消费行为的外部性。经验表明，即使设定地方消费税的国家，也极少将消费税作为地方主体税种。尽管国内外国情有很大不同，但税制设计的一般原则都是相通的，消费税的属性决定了其不适合充当地方税主体税种的重任。

关于新型消费税的征管问题，将所有消费品的消费税征税环节从生产环节移到零售批发环节，将使得税源大幅增加并更加分散，必然会导致征收管理成本的上升，使征管难度加大，这是我们不得不面对的一个难题。另外，如何界定批发和零售环节也是需要面对的一个现实问题。

消费税改革面临的另一个现实问题是对地方政府行为激励的问题。现行消费税收入 90% 以上来自于烟、酒、成品油、小汽车等税目的征税。在我国目前阶段，烟、酒、成品油、小汽车消费税如果改在零售环节征收并作为地方税，则势必将造成地方政府更加严重依赖这些高污染、高能耗的商品，这和国家节能减排、促进产业结构优化和升级的政策目标相悖，使得地方经济结构更加不合理和畸形。解决这个问题的唯一办法，是将这类消费品的消费税继续确定在生产环节征收，并且划为中央收入。但这样做，能够在零售环节征收并作为地方税收入的，就只剩下烟、酒、成品油、小汽车等以外其他只能带来较少消费税收入的消费品税目了，对地方税收贡献微不足道，从而使得将消费税划为地方税失去意义。

（二）销售税的现实选择

从以上关于销售税改革方案的比较分析中，本书认为，从税种设置的功能定位和我国现实情况讲，消费税不适宜作为我国地方税的主体税种，而零售税尽管有许多不足，却是我国目前地方税主体税种的较为现实的选择。

第三节 房地产税改革

房地产税制改革对健全和完善我国地方税制结构、合理引导地方政府行为意义重大。

房地产税（real estate tax）有时也称为不动产税或物业税，西方也称为财产税（property tax），是对土地、房屋等不动产课征的一种税。财产税尤其是不动产税是地方税的重要组成部分，房屋、土地等不动产的不可移动属性降低了税负转嫁的风险，同时地方政府在税收的征收管理方面具有更大的优势和效率。

房地产税具有明显的受益税性质，未来税收增长潜力强，有利于促进地方政府职能转变，从理论到实践均是地方税的较好选择。从国际比较来看，2013 年，OECD 国家房地产税（财产税）占全部税收收入的平均水平为 5.6%，其中经济较发达的国家占比较高，如美国为 11.3%、英国为 12.3%、韩国为 10.3%、加拿大为 10.4%；经济欠发达的国家占比较低，如斯洛伐克为 1.5%、墨西哥为 1.5%、爱沙尼亚为 1.0%。

我国现有税制体系下的房产税的计税依据是房屋的计税余值或租金收入，长期以来，我国的房地产业税收一直主要落在房产的流转交易环节上，房屋保有环节的税费微乎其微。2013 年的全部房地产税收中，建设环节收入占 35.6%，交易环节收入占 54.9%，保有环节税收仅占 9.5%。[1]

[1] 梁倩，赵婧．房地产税改革主体框架确定［N］．经济参考报，2015-07-14.

我国现行税制体系里与土地、房产有关的税种达10个之多，包括营业税、城市维护建设税、个人所得税、企业所得税、土地增值税、耕地占用税、契税、印花税、房产税、城镇土地使用税。❶此外，还包括对房地产业征收的政府性基金和收费近百项。这些税种中，与房地产直接相关的税种主要有5个：房产税、土地增值税、耕地占用税、契税、城镇土地使用税。

近年来我国房地产相关税收收入规模呈稳步上升的态势。2014年，房产税、土地增值税、耕地占用税、契税、城镇土地使用税合计收入为13818.69亿元，占当年地方税收入总额的23.4%，在整个地方税收入中举足轻重（见图4–3）。

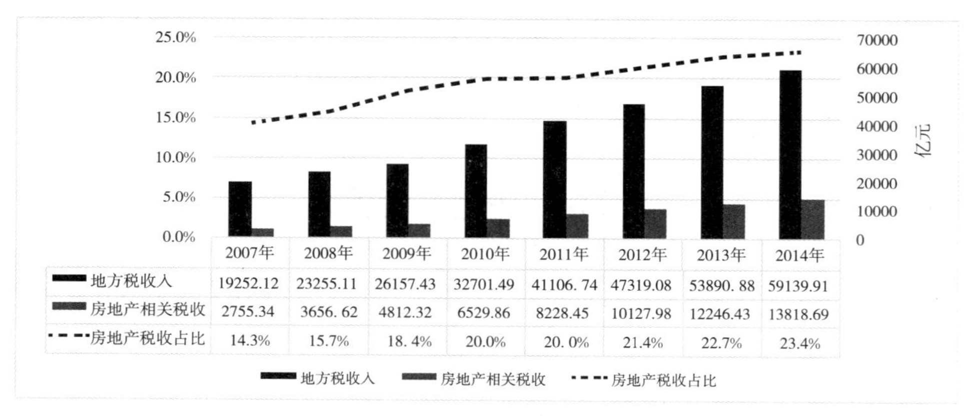

	2007年	2008年	2009年	2010年	2011年	2012年	2013年	2014年
地方税收入	19252.12	23255.11	26157.43	32701.49	41106. 74	47319.08	53890. 88	59139.91
房地产相关税收	2755.34	3656. 62	4812.32	6529.86	8228.45	10127.98	12246.43	13818.69
房地产税收占比	14.3%	15.7%	18. 4%	20.0%	20. 0%	21.4%	22.7%	23.4%

图4–3 房地产相关税收收入规模及变化

数据来源：国家统计局网站

注：房地产相关税收包括：房产税、土地增值税、耕地占用税、契税、城镇土地使用税。

从收入结构上看，目前契税和土地增值税占比最大。从收入变化趋势上看，近年来耕地占用税和土地增值税的涨幅较大，其他几个税种出现小幅微调的格局。（图4–4）

我国现行房地产税税种繁多、税制设计不合理、征收监管缺乏力度，没有发挥其应有的作用。目前，我国房地产相关的税收主要集中于交易环节，且税赋相当重，大概占到成交总价的10%左右。积极推进房地产税改革，要简化房地产税税种、改革完善房地产税制度、加强房地产税征收管理，充分发挥其应有的调控功能。同时，在“营改增”导致我国地方税主体税种缺失的大背景下，房地产税将作为未来我国地方税体系中的一个重要税种。

❶ 唐在富．中国房地产税改革：定位、现状、方向与建议[J]．发展研究，2012（1）．

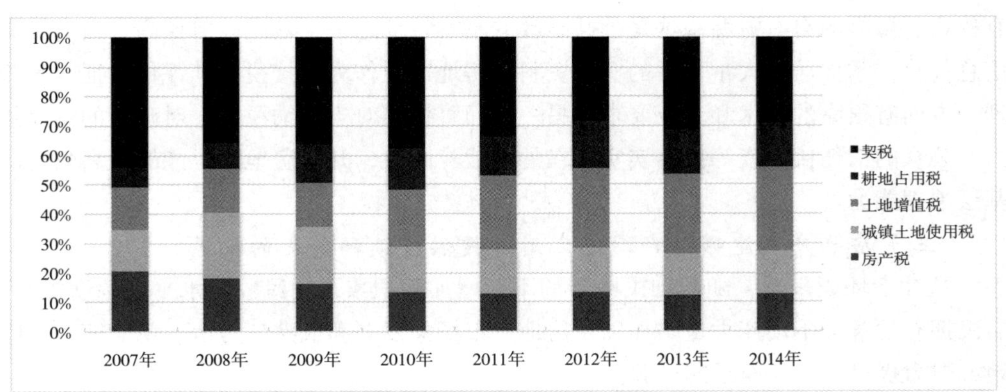

图 4-4 房地产相关税收收入结构

数据来源：国家统计局网站。

房地产税成为主体税种，能促进地方发展模式的转变。避免地方政府短期为追求土地出让金而产生的“土地财政”，这对使房地产税逐渐成为地方政府的主体税源、化解困扰已久的土地财政难题具有积极的意义。

房屋、土地等不动产也是衡量纳税人支付能力的重要指标之一，对不动产的课税能够很好地体现税制体系的公平和公正。房地产税是典型的直接税，税负具有不易转嫁的特点，比间接税更有利于发挥调节收入分配差距的功能，有利于缩小收入差距，促进社会公平和谐；开征房地产税还有利于调节家庭和个人住房消费，使之趋于节约、高效、理性化。

一、房地产税成为地方主体税种的可行性分析

在一个国家的经济社会发展进程中，适时开征房地产税是必要的，具有普遍性，是经济社会发展的必然选择。

（一）房地产税有作为地方税主体税种的理论和实践基础

房地产的非流动属性，使房地产税具有受益税的特性。房地产的地域特性，使得地方政府在征管方面具有天然的优势，将房地产税作为地方税的主体税种，不仅能够充分调动地方政府的积极性，而且有利于加强税源监控，提高税收征管效率。

从国际经验来看，把房地产税收作为省以下地方政府主体收入也是国际普遍做法。绝大多数国家的税收制度中都会涉及对房地产的课税，有些国家以房地产税等为主的财产税收入甚至占其地方税收收入的相当大的比重。

（二）开征房地产税是提高基层政府财政治理能力的一个关键环节

开征房地产税与财政分级制相关。基层政府直接从事、提供基本公共服务，需要

有稳定、可靠的自有财源，这是公共财政的基本特征之一。基层政府比高层政府具有信息优势，掌握居民大量一手的实时资料。房地产税作为直接税，其评估、征收和管理一方面有很高的技术和专业要求；另一方面直接面对当地纳税人，对政府的掌控能力、公众的信任接受度等提出实实在在的挑战。因此，开征房地产税能够提高政府的基层治理能力。

（三）房地产税能够为我国地方财力提供持续和充足的税源

从社会环境来看，随着国民财富的不断增加和积累，国民收入水平大幅度提高，居民拥有的各类不动产大量增加以及房地产市场的发展和成熟，房地产税能够为我国地方财力提供持续和充足的税源。

（四）不动产登记及税收征管工作信息化为房地产税的开征提供了技术支持

从技术层面来看，《不动产登记暂行条例》已自2015年3月1日开始生效和施行。不动产统一登记条例制度的实施在法律、管理和技术层面上为我国下一步全面开征房地产税打下了基础、扫清了障碍。同时，税收征管工作信息化水平的日益提高和模拟评税试点工作的逐步深化，也为征收住房保有环节税收确定客观合理的市场价值奠定了技术条件。

二、我国房地产税改革的现状及面临的困难

自从20世纪90年代后期以来，房地产作为中国经济发展的支柱产业之一，发展迅猛，对经济进步贡献显著，但与此同时也带来很多棘手的问题——房价居高不下，民怨沸腾，对实体经济冲击较大。尽管对房地产税改革的呼声很大，但都是雷声大、雨点小。房地产税的改革是牵扯到社会各个阶层的利益再调整，社会阻力较大，尽管专家学者对此进行了长期的探讨，政府也在部分地区进行了试点，但真正离房地产税的正式开征，尚需时日。

（一）我国房地产税改革的现状

针对我国房产税存在的问题，国务院自2011年开始在上海、重庆等地实行了将房产税征收范围扩大至居民自住房产的试点。（见表4-1）

改革后的房产税由原来的按住房原值计征变为按市场价值计征，并将逐步过渡到按评估价值计征，是在个人住房保有环节设置房产税的先例。

表 4-1　重庆、上海房产税试点方案

	重　庆	上　海
纳税人	房屋产权所有人	房屋产权所有人
征税对象	① 个人拥有的独栋商品住宅；② 个人新购的高档住房；③ 在本市无户籍、无企业、无工作的个人新购第二套及以上普通住房	本市居民家庭在本市新购且属于该居民家庭第二套及以上的住房（包括新购的二手存量住房和新建商品住房）和非本市居民家庭在本市新购的住房
税率	① 独栋商品住宅和高档住房建筑面积交易单价在上两年主城区新建商品住房成交建筑面积均价 3 倍以下的住房，税率为 0.5%；3 倍至 4 倍的，税率为 1%；4 倍以上的税率为 1.2%；② 在本市同时无户籍、无企业、无工作的个人新购第二套及以上普通住房的，税率为 0.5%	适用税率为 0.6%。应税住房每平方米市场交易价格低于本市上年度新建商品住房平均销售价格 2 倍及以下的，税率减为 0.4%
计税依据	应税住房的计税价值为房产交易价，条件成熟时，以房产评估值作为计税依据	参照应税住房的房地产市场价格确定的评估值，评估值按规定周期进行重估。试点初期，暂按应税住房的市场交易价格作为计税依据。房产税暂按应税住房市场交易价格的 70% 计算缴纳
免税面积	扣除免税面积以家庭为单位，一个家庭只能对一套应税住房扣除免税面积。纳税人以前拥有的独栋商品住宅，免税面积为 180 平方米；新购的独栋商品住宅、高档住宅，免税面积为 100 平方米。纳税人家庭拥有多套新购应税住房的，按时间顺序对先购的应税住房计算扣除免税面积。在本市无户籍、无企业、无工作的个人的应税住房均不扣除免税面积	本市居民家庭在本市新购且属于该家庭第二套及以上住房的，合并计算的家庭住房面积人均不超过 60 平方米的，其新购的住房暂免征收房产税；人均超过 60 平方米的，对属新购住房超出部分的面积，计算征收房产税

从上表可以看出，上海和重庆两地的房产税改革具有如下特性：

从课税对象上看，上海方案只对增量房课税，对存量房不课税，在新购住房者与旧购房者之间形成不公平。重庆方案尽管既涉及存量房也涉及增量房，但仅限于高档住房和别墅，基本不涉及现有的存量普通房产和第一套住房，且规定了较高的免征面积，选择面过于狭窄。

从改革效果上看，两地征税对象主要是新购住房，客观上是对既得利益群体的保护，尚未涉及持有大量空置房和多套住房的人群。上海方案兼顾了免税面积和第二套房的条件，体现了居民的基本居住要求，同时对非上海居民买房行为进行限制，更多体现了打击外地炒房行为和本地居民的房产投机行为；重庆方案主要针对本地居民的高档房、独栋商品房以及外地居民的第二套房，未对居民持有的除高档房之外的多套住房进行课税，更多体现的是对贫富差距的调节。

从以上上海和重庆两地房产税改革实践的比较分析来看，我国当前房（地）产税改革的试点并未达到平抑房价、调节财富差距、筹集地方财力的目标，试点效果并不理想。

（二）我国房地产税改革面临的困难

房地产税的影响面极大，涉及地方政府和房地产拥有者个人，因此，开征会遇到比较大的社会阻力。

一是作为直接税，房地产税不易转嫁，需要由自然人纳税人直接缴纳，这对于个人来说是真金白银的增税，自然会遇到阻力。尤其是对已经一次性支付了 70 年土地出让金的购房者来说，对房地产税有天然的抵触。另外，不可否认的是，在中国，房子是用来居住的，更是一种理想的投资品。在当前银行利息很低、股市风险较大等因素下，房子成了最为保值增值的投资品，对购买多套房产进行投资的人来说，他们对缴纳房地产税有较大的抵触情绪；

二是地方政府和开发商担心开征房地产税会对本已低迷的楼市带来负面冲击。目前大部分城市对房地产有不小的依赖，债务压力很大。在过去十余年中，各地经济的发展早已离不开房地产这一支柱产业，未来也很难从根本上转变。在县市级的地方，房地产仍然是当之无愧的支柱产业，经济发展落后的地方，没有大的产业项目，只有依靠房地产来带动经济的发展。正是基于此，房地产成了地方政府财政收入的主要来源，有的地方甚至成了“唯一”的来源。数据显示，2015 年各地房地产销售 12.8495 亿平方米，政府拿了销售额 8.7281 万亿元的 73%，其中房地产开发所需的土地供应，成为各地方财政的主要组成部分。实体经济下滑，地方政府对土地财政依赖更甚，作为经济支柱的房地产业就显得尤为重要；

三是开征房地产税将会暴露很多人的个人不动产状况，除了正常的个人购房，还有大量官员和开发商在房地产领域里有很多“猫腻”，他们会顽强抵制房地产税的开征。

只有地方政府减少对土地财政的依赖，推出更多实质性优惠措施，开发商才有降价空间，房价才能稳住。但问题是，如何让地方政府学会为自己的错误买单，让市场机制真正发挥决定性作用，让房价有涨有降，恐怕这不是一件容易的事情。

在地方政府收入层面，主要的问题是如何解决基本建设资金需求，即大笔土地出让金收入与房价之间的链条关系。若要短期内迅速完成基础设施建设，在目前的财政框架内，地方政府只能依赖拍卖国有土地使用权，一次性、前置式收取 40 ~ 70 年的土地租金。这个获取建设资金的办法简单。开发商为了拿到土地，付出了高额的费用后，只能提高产品档次、提高售价，以收回成本并赚取相当的利润。正因为如此，房价不断节节攀升。

在人口众多，土地资源稀缺的国情下，国有土地使用权有偿出让的根本目的是提高土地使用的效率，这是应当长期坚持的政策。但是，这样的收入不应当作为建设资金的主要来源，地方政府更不应当把土地出让金当作固定收入。依此获得的一次性收入用于基础设施建设，用途正当但不尽合理，个中缘由是违反了财政原理中的代际公平，即一次性、提前收取了两三代人的出让金，所建设的基础设施使用几十年，高房价的成本却全部由当前一代人来承担。

符合代际公平的基本建设融资方式，是用稳定、持续的房地产税收作为抵押，发行长期建设债券，再逐年用房地产税收偿付，使受益者大致平均分摊建设费用。这是解决地方政府面临的上述问题的出路。

在多种背景下，房地产税要真正起到政策设计的作用，将会需要很长的时间。从房地产税推出的策略来看，这将是一个逐步推进的改革进程。比如，房地产税初期只合并房产税和城镇土地使用税，先把房地产税推出来，今后再不断增加其中的内容。这种做法意在减少改革阻力、确保房地产税顺利推进。

三、房地产税改革思路及实施策略

房地产税等财产税因具有税基稳定、税源丰富、受益原则明显且征收方法简便、透明度高的特点，成为许多国家地方税主体税种的首选。现代意义的财产税应以普遍征收和评估计税为基本特征，以最大程度保证公平和效率。

从财产税的内在属性与地方税特征的一致性来看，财产税的实质是政府为不动产和不动产的拥有者提供相关服务所要求的代价，它的功能应该以收入为主、调节为辅。

我国现行房地产税制存在诸多弊端，亟待改革和完善。

现行房地产税制严重滞后于经济社会的变革与发展；房地产税制不完善，存在“重流转轻保有”的税负结构不合理的情况；征管覆盖面窄，给纳税人提供了避税和逃税空间；计税依据设计不合理；地方税权短缺，不利于调动地方积极性；财政收入筹集功能弱小等。

现行房产税以折余价值为计税依据并不符合公平原则，城镇土地使用税从量计税导致财产税不能分享经济发展成果，改革后的财产税应选择以市场价值为计税依据。从理论上来看，财产税的计税依据可以是租金、改良资本价值、未改良资本价值和占用面积，计税方式可以采取从价课征或者从量课征。改良资本价值为土地和改良物的评估价值，反映的是意愿的买者和卖者达成的市场价值。相对于未改良资本价值，改良资本价值更符合“纳税能力”原则，而且税收收入富有弹性，缺点是必须定期对土地和改良物进行评估，对税收征管的要求较高，也会带来高额的征收成本。

针对当前房地产税制存在的问题，结合国际经验和我国国情，未来房地产税改革应遵循以下原则和思路：

（一）税负公平

房地产是家庭财富积累的重要体现之一，房地产税是否公平、公平的标准和尺度是否经得起全社会的检验，是其能否为公众接受的关键。

税负公平涉及税种设置、税负配置和税收使用诸多环节。税种的设置要做到所有公民一视同仁，全部可征税资产平等考量。税负公平要求税基统一，税率一致。具体到房地产税，就是采用统一标准，平等对待所有纳税人，不论高收入阶层还是低收入阶层，都面对同一个税种；不管家庭消费取向如何，一视同仁。

讨论房地产税税负公平至少有两套思路：一是受益原则，二是支付原则。按照受益原则，谁受益谁纳税，不论收入多寡。房地产税是地方税种，其收入用于当地基本公共服务，全体居民受益，那么所有居民都应当无条件按照当地统一税率缴纳。若强调支付能力原则，并以房地产的档次、面积大小代表支付能力，采用累进制，则至少有三类累进方法可以考虑：一是按照房产类别：豪宅、别墅等高档房产采用高税率，一般、普通住宅采用低税率；二是按照房产面积：面积越大，税率越高；三是按类别加面积课税。但这三种方法都会造成房地产开发商和消费者的行为扭曲，从而降低经济效率。因此，最可靠和最公平的方法是根据房地产的当年市场价值，实行统一税率。

（二）注重效率

公共财政效率是“经济效率”，指最大限度地避免经济人的行为扭曲。从政府征税的角度，就是制度设计提供什么样的激励，使纳税人乐于遵从税则。设计优化的税制，处处触及公平问题。将房地产税确定为地方税，规定其收入用于地方基本公共服务，使该税明确成为受益税，有利于从根本上促进大众对这个税制的认同和遵从，进而提高该税的经济效率。

采用宽税基是优化税制的关键，税基越宽，逃税避税越难，经济效率越高。同时，宽税基能够把税率压到最低，从而提高房地产税的可接受性。宽税基似乎有损形式上的公平，但实际上最公平。是否给予政府机关和事业单位豁免，需要仔细斟酌，尽量减少豁免，避免漏洞。对特殊人群的照顾则可通过其他方式体现。有些国家给予民宅优惠待遇，其目的是提高政治上的可接受性，但长期实践证明，这些做法结果并不公平，对效率损害很大。

（三）全民参与房地产税立法讨论

提高新税的政治可接受性，是一个时间过程，无法跨越，只能一步步地走。充分利用重新设计税制及实施细则的机会，实行公开立法、全民参与立法，广泛听取各界、各阶层的意见。把立法过程延长，尤其是从定稿到批准再到生效的过程，使其成为一场广泛的普及、认识房地产税基本原理，理解房地产税法，支持该法的全面启蒙讨论。这样做有以下好处：

（1）参与面广、深入。平面媒体和网络媒体全面跟踪报道，会使讨论深入人心；

（2）普及与房地产相关的经济原理、市场规则和法律法规知识，使讨论建立在理性和有序的基础上；

（3）讨论的过程信息全面公开，客观上形成了纳税人的纳税心理预期和程序准备，同时也是对各级政府官员的培训，为后续实施奠定基础；

（4）讨论的过程必然也同时建立了监督执行的条件，有效预防腐败，恢复、重建公众与基层政府之间的信任和支持关系；

（5）房地产税法与其他立法过程需要严格保密的法律不同，公开讨论的目的就是给纳税人时间，让他们有时间对投资和持有的资产组合进行调整，有利于减小政策阻力，提高全社会总体经济效率。

（四）中央授权地方实施

全国人大立法制定房地产税法的若干基本条款，并授权地方政府开征房地产税；省级人大依据本省经济结构和发展程度、人口结构及其他方面的情况，把基本条款细化，制定房地产税实施细则；地级市人大依据当地实际，酌情制定进一步的实施办法，然后由区县级政府组织实施。这是一个典型的分级财政体制下的税种授权，由中央政府进行顶层设计，然后逐层细化，使之适应当地实际。由于房地产税的内在特殊性，全国统一的一套税则和实施办法，不论在政治的可接受性还是管理的可接受性上，既无必要，也不科学，难以施行。

（五）透明运行

透明是公平的基石，公开透明是体现、落实公平和公正的保障措施之一，而且是获得公众支持的关键。公平、公正感是公民个体在感知自己和他人的比较之后才能建立的社会感受。这种感受不断经历证实、去伪才能牢固树立，得以确立。房地产税的税政公开、透明主要包括：税基全部公开；征税过程透明；纳税进展情况公开；税收收入使用公开等。房地产税的收入预测、征缴和执行的结果以及税收收入的使用等，都应纳入地方政府的年度预算，接受公众的监督。

（六）以房地产市场评估价值为计税依据

评估值以市场价为基础，能够较好地反映房地产的真实价值和房地产所有人的经济负担能力，使地方政府获得充足的财力保障，使房地产税的收入具有税收弹性，保障地方财政收入持续增长。在具体推进策略上，我国房地产税改革最关键的是构建房地产交易计税价格评估系统及建立健全个人住房数据库。

（七）打造新的房地产税

合并现行房产税和城镇土地使用税，取消土地增值税，打造新的房地产税，简化税制，降低交易环节的税负，实现从交易环节向保有环节的转变。

城镇土地使用税的存在，能够起到调节级差地租的作用，但从量计征的做法又使其失去了及时调节级差地租的功能；而房产税本身是对房地产的价值课税，自然会随着房地产价值的增值而加大税负，因此，为简化税制考虑，可将其并入新的房地产税；土地增值税是政府作为社会管理者参与土地投资所带来的增值收益，但由于土地增值税的计税依据与企业所得税基本相同，两者存在着重复征税的问题，因此可取消土地增值税。

（八）逐步推进房产税试点改革

分阶段、按步骤推进房产税试点改革，逐步扩大房产税的课税范围。房产税改革是一个长期渐进的过程，可从局部试点、增量试点到大面积试点，再到全国统一征收，逐步推进。

可借鉴上海方案，但将课税范围的界定从增量房逐渐扩大到存量房。为减少社会震动，减轻改革压力，应根据各种因素确立人均住房免税面积，并结合房地产市场价值（或评估价值），确立房产税的计税依据。对征税对象和范围的扩展可按照先城市后农村、先高档住宅后普通住宅、先企业后个人、先增量后存量的顺序渐次铺开，确保改革稳妥有序。同时，理清房地产“税、费、租”的关系，清理不必要的房地产业收费，维持现有的总税负不变，减少改革成本。

总的来说，房地产税改革应分中期和远期目标。中期目标是保持税负稳定；远期目标是逐步扩大税基。通过房地产税改革，改变现行房地产类税制“重交易、轻保有”的现状，调整其功能定位，将房地产税打造成为真正意义上的地方财产税。

四、房地产税的税制设计

（一）纳税人

我国现行的房产税，实际上只对“生产经营用房产”征税，而“个人所有非营业用的房产”则不在征税范围之内。而房地产税制设计应该涵盖所有我国境内拥有或使用不动产的单位和个人，以充分体现税收公平原则。此外，现行房产税规定农村的单位或个人不属于房产税纳税人。而目前，部分郊区农村为了既得利益，违规占用集体土地建设房屋获取收益，破坏土地资源，严重扰乱了房地产市场秩序。对农村房产征收一定的房地产税，既有利于调节农业经济，也有利于农村公共财政的建立。因此，我国房地产税纳税人可以具体设计为：在中华人民共和国境内拥有土地使用权、房屋所有权的所有单位和个人。

（二）征收范围

现行房地产类税种的课征范围仅包括城镇和工矿区，税基不完整。未来我国的房地产税征税范围应扩大到农村，以使房地产税的税基完整和规范，因此未来房地产税的税基和征税范围应是我国境内所有的不动产。为避免加重农民负担，可以考虑对那些房产价值较低、土地使用面积较少、支付能力相对较差的贫困家庭和低收入者，给予一定的税收减免。

（三）计税依据

房地产税具有随着经济增长而增长的弹性特点，从国际经验看，绝大多数国家的房地产税的计税依据，是房地产的市场评估价值。

从理论上说，房地产税的计税依据应该是不动产的市场价值。但由于信息不对称等原因，税务部门一般较难准确掌握不动产的市场价值，而通过特定技术手段测算的不动产评估价值，则可以有效反映房地产的市场价值。按照国际惯例并结合我国国情，我国房地产税应以不动产的评估价值减除一定扣除项目标准后的余额作为计税依据，扣除项目包括免税面积、免征额、修理费用等。同时，根据房地产税的税目不同，其计税依据也应有所不同。对农村土地，其计税依据应以规定的标准单位，考虑土地面积、土地位置等因素来分类确定；对其他不动产，则以其评估价值作为计税依据。

（四）税率

确定房地产税的税率，应遵循“既不会大幅增加纳税人的税收负担，也可基本保证政府财政收入，与现在水平持平或略有增长”的原则。

从理论上说，个人住宅房地产税税率应低于经营性房地产，在征收时可通过制定相应的差别化税率或减税、免税措施予以解决。但是差异化的税率会造成不公平和资源配置的扭曲，从而损害经济效率。美国很多州都制定法律，规定依据其类别或产权人，给予一些不动产税收优惠；还有对不同类别的不动产采用不同评估系数的。这些区别性的办法很受选民欢迎，但有违税收公平，因为对某些类别的优惠是以对其他类别的歧视为代价的。对民宅的优惠带来对产业用房用地的高税率，不利于经济的发展和成长。发达经济体的长期实践证明，针对特定群体的减免或差别税率，其动态效果并不公平，随着时间的推移，不公平程度将逐步放大，造成严重的社会问题。

应赋予省级政府适当的房地产税税收政策调整权限，允许各省根据经济发展状况、房地产业发展目标以及房地产评估价值标准等综合因素，按照不同地区、不同类型的房地产确立各省的税率水平。

遵循“宽税基、低税率”的税制改革基本原则，财产税的税率应采用统一比例税率或者差别比例税率，税率的高低可由县级人大会议或人民政府在中央政府规定的幅度范围内自行确定。财产税实际上是由普通大众负担的，直接涉及广大民众的经济利益和财产安全，税率宜低不宜高，整体水平应低于现行房产税从价课征的税率。

（五）税基评估

新开征的房地产税成功与否，征管程序和环节是否公平、高效，是该税能否获得社会认可和低成本运行的关键。税基评估是开征房地产税的基础性步骤，属于技术性范畴，容易造成并引发公平、效率的问题，使该税的可接受性和可行性大打折扣，必须仔细对待。

对房地产价值的评估，需要设置专门的评估机构并配备专业人员。运用现代信息技术对纳税人进行不动产信息登记，采取科学合理的评估方法，掌握评估价值动态变化情况，以获取有效的评估和征管的资料。

可以在县级或地级政府单独设置一个部门，负责房地产税的税基评估。评估不与税收部门重合，也不交给社会或私营机构负责。设置在区县一级有三个原因：一是区域不致过大，该部门可以掌握充足的实时信息，支撑评估；二是在这个规模，评估可以有规律地经常进行，不因评估跟不上市场变化而造成不公平；三是区域又不过小，免得造成毗邻区域间评估的较大差异。

税基采用当年、当地市场价值，即从价计算，频度最好每年一次。在当前网络信息广泛采用情况下，信息的自动采集和批量分析变为现实，这是完全可以做到的。同时，设立由当地政府、居民和私营部门中专业人士等三方以上人员组成的委员会，分别代表不同的评估诉求，专门评议对税基评估的投诉。

（六）征收管理

税款的征收和缴纳都本着提高纳税人遵从意愿、降低遵从成本的考量而设置，以有利于税务部门开展工作。房地产税的征缴工作全部由县级地方税务机关负责。

根据我国国情，对房地产税的征收管理宜采用代扣代缴、代收代缴方式为主、自主申报为辅的课税制度。房地产税的缴纳期限和方式可实行按年计税、分次缴纳的方法，也可以按季度或半年缴纳，甚至按月缴纳。

（七）其他

房地产税收入作为地方自有收入，提供基本公共服务的结果之一是随之而产生的地区间财政能力差距。由于地区间税基存在差异，把房地产税确定为地方主要税种必然造成地区间财政资源的不平衡，并因此造成公共服务种类、质量和数量的较大差距。为了不进一步扩大由于经济发展程度不同造成同一辖区内区县之间的财政差距，可以考虑把房地产税设定为市与区、县之间的纵向共享税，如 30% 的收入由市政府统筹，用于缩小地区横向差距；其余 70% 由基层自行使用。这个比例由各省、市自主决定。

房地产税开征容易引起争议的两个典型问题是土地产权问题和土地出让金问题。

关于土地产权问题，我国现行法律规定土地归国家所有，业主购买得到的只是房屋和建筑的所有权，没有土地产权。因此，有些人认为，土地不应该缴纳房地产税。对于这个问题，本书认为，虽然土地国有，但个人享有用益物权，向终极物权所有者缴纳费用，是为享用物权而支付使用费。这里的使用费，可以理解为租金，但跟税没有本质区别。在此框架下，拥有土地产权和只享有用益物权，需要支付的成本是一样的。因此，土地产权问题不应成为开征房地产税的障碍。

关于土地出让金的问题，我国城镇土地主要使用招拍挂的方式，出让给出价最高的开发商，开发商向地方政府支付土地出让金后，开发销售的房屋售价已经包括了土地出让金的成本，因此，有人认为，消费者购买住房时，房价中已经包括开发商代缴的土地 70 年使用权的出让金，所以，在房产保有环节就不应该再缴纳房地产税，否则，就属于重复课税。对此，本书认为，即使房价中已经包括了 70 年土地出让金，在持有环节征收房地产税，并不是重复征税，因为二者属于不同的环节和对象。但 70 年使用权期满后如何延续，倒是确实需要做出妥善安排的问题。

第四节　地方辅助税种改革

完整的地方税体系需要各税种的合理搭配，在地方税体系主体税种确定以后，还需要一定的辅助税种相配合。根据党的十八届三中全会精神，本节对我国资源税、环境保护税、城建税及教育费附加等税种的改革进行探讨。

一、资源税改革

资源税的课税对象是土地、海洋、矿产等自然资源，体现国家对资源产品进行特定调控的政策意图。长期以来，我国的能源供应主要建立在不可再生的化石燃料（煤炭、石油）基础之上。从能源供应结构看，约 3/4 的能源来自煤炭，约 1/5 的能源来自石油。就可采储量而言，有关专家估计，按目前的开采水平，我国石油资源和煤炭资源将在 2030 年左右耗净。由此，能源、资源安全问题成为可持续发展背景下不得不考虑的关键，以能源、资源节约使用为征税目的的资源税自然成为改革的焦点。

我国全国资源税收入由 1994 年的 45.5 亿元上升到 2015 年的 1034.94 亿元，年均增幅 20% 左右 ❶。尤其是资源储量比较丰富的西部地区，如新疆、内蒙古、陕西等地，资源税已成为地税收入的重要来源。资源税能够调节资源的级差收入，防止对自然资源的滥用和过度开采，促进企业合理开发利用国有资源。资源税改革的基本取向应该是提高资源的税负水平，以增加资源开发利用的成本。理论上，资源税的价值补偿应等于资源开采使用导致的社会成本以及实现资源收益的代际分配。因此，资源税改革要体现明显的价格调控导向，即按照市场价格的高低决定资源类产品的税负。具体的改革办法包括扩大征税范围、改革计征办法以及提高税负水平等。改革之后，对于拥有较多资源的地区来说，财政收入将会提高，特别是资源丰富的中西部地区，资源税收入对于扩大地方税收入规模和缩小区域间财政差距具有一定的现实意义。

（一）资源税制度存在的弊端

我国资源税制目前尚不完善，在有效保护和合理配置资源方面未起到应有的作用。具体说来，我国资源税的缺陷和不足主要表现在以下几个方面：

（1）资源税课税范围过窄。现行资源税课税对象仅仅局限于 6 种矿产品，而对于大部分的非矿产品资源（如森林、草地、水等）则没有征税。征收范围过窄难以遏制对自然资源的过度开采，对环境造成极大的污染和破坏，刺激对非税资源的掠夺性开采，难以体现税收的公平原则，使资源税应有的调控作用难以充分发挥。

（2）税率偏低。现行资源税未考虑环境成本内部化问题、未考虑资源代际公平成本、未考虑资源开采回采率的差别，没有起到调节资源开采和使用行为的目的，对于一些被大量掠夺性开采的资源，无法切实惩罚其过量开采，不利于促进企业节约、循环利用资源。资源税税率偏低，同时也造成了资源型省份与非资源型省份之间的财政差距。一般来说，东部经济发达地区是资源的使用地，中西部经济欠发达地区是资源的开采地，中西部地区的资源开采利润被东部地区所获取，由此导致中西部与东部地区之间的资源税税收分配失衡。

此外，我国资源税的税率设计主要体现的是地租的范畴，没有反映出资源的市场

❶ 根据国家统计局网站数据测算。

价值。税率偏低使税收在资源价格中的作用失效，而且过低的资源税收入也不能弥补资源开采造成的社会后果。

计征方式不合理。当前的资源税按资源的使用数量施行从量征税的计税方式。从量计税条件下，税收只与资源的销售数量相关，与资源销售价格无直接关系，其最大弊端就是税收与资源价格脱钩，不能体现税收的经济弹性，政府无法分享资源的涨价收益，而从价征税却能弥补从量征税的缺陷。

从量计征、税率偏低，税率不能反映资源的稀缺程度和不可再生性，资源节约使用的立法初衷未能实现。

由于这些问题的存在，资源税调节经济的功能有限，资源的过度消耗严重，与“两型社会”的发展目标相违背。

（二）资源税改革的主要思路

（1）扩大征收范围。现行资源税的课税范围过窄，应将对矿产资源课税为主扩大到所有稀缺自然资源（如森林、草场、湖泊、地下水等）。同时，将耕地列入资源税的征收范围，取消现行对耕地资源征收的耕地占用税，即在现行资源税征税范围中增列“耕地”税目，在纳税人改变耕地用途转作非农业用地时一次性课征。

（2）改革计征方式。从量征收改从价征收的实质是提高资源税税负，促进资源综合利用。但资源税改革不能一味强调税负增长，搞一刀切，针对不同类型的资源应采取不同的计征方法：与生活密切相关的一般资源产品，如食用盐等仍沿用从量定额计征的办法；对自然生态环境破坏较大的不可再生资源，如矿产类资源产品等可按照资源的销售收入实行从价定率征收，使税收收入与资源价格联动，增强地方财政能力。[1]

（3）提高税负水平。随着社会的发展，自然资源的过度利用和开发造成的资源枯竭和环境破坏已经成为一个严重的社会问题。因此，应该通过提高资源使用单位的税负水平，尽可能减少资源开采与利用所造成的负外部性，达到节约资源、保护环境的目的。

（4）统筹税费关系。资源税的改革必须辅以政府行政收费与基金清理的配套措施，在把握资源总体税费负担的条件下实现我国资源税的重构，清费立税，推行费改税，如资源补偿费等。

（5）实行差别税率。对可再生资源、稀有资源、造成环境危害的资源等进行分类，并体现成本收益内部化原则，采用差别税率；对不可再生资源、非替代资源、稀缺性资源要课以重税，以限制掠夺性开采。

---

[1] 煤炭资源税从价计征改革自2014年12月1日起实施。目前，已有山西、内蒙古、河南、湖南、辽宁、广西壮族自治区公布了相关方案，税率为2%～9%不等。

（6）除个别税目（如海洋石油等）外，将资源税税率确定权、税政管理权等税权划归地方。

二、环境保护税改革

环境保护税（简称“环保税”）实质上是按照“谁污染谁付费”的原则通过税收手段来实现环境与自然资源的保护和更为有效的利用。

从20世纪90年代开始，随着工业化的发展，人类居住的环境越来越恶化，大气污染、水污染和固体废弃物污染已经成为一个各国不得不面对的严重问题，并引起国际社会的广泛关注。为保护人类赖以生存的自然环境，实现可持续发展，世界各国纷纷采取措施，针对生态环境中愈来愈严重的环境污染开征不同形式的环境保护税。我国迄今尚未明确开征独立意义上的环境保护税之类的税种，只是在现有的一些税种规定中增加了某些有助于资源、环境保护的条款；一些税种，如资源税、消费税、耕地占用税、城镇土地使用税、车辆购置税、车船税等具有资源和环境保护的性质。这些条款和税种共同构成了“准环境税”体系。

设立独立的环境保护税，将企业破坏和污染环境的社会成本内化于生产成本和市场价格之中，通过市场机制的作用优化配置环境资源，可使经济效益、社会效益和环境效益有机统一起来。与排污收费相比，环境保护税具有强制性、透明性和规范性，能真正体现“污染者付费”的原则。

党的十八届三中全会在通过的《决定》中提出“加快资源税改革，推动环境保护费改税”，为下一步环境税改革指明了方向和路径。

（一）开征环境保护税的理论依据与实践经验

环境保护税的课征目的主要在于利用税收对经济的调控作用促进节能减排，遏制污染、破坏自然生态环境的行为，促进社会的可持续发展，并为环境保护事业筹措资金。

环境保护税的理论依据是“外部不经济”（External diseconomy）或“负外部效应”（Negative externality）。例如，工厂排放废水污染河流湖泊对当地人的健康造成损害，但工厂并未为此支付成本，而受害者也不能为此得到补偿。因此，污染就是一种典型的外部不经济或负外部性，通过对造成外部不经济的企业进行征税，相当于政府代理被污染损害的公众要求污染企业支付污染成本，从而使该企业的私人成本等于社会成本。

根据环境库兹涅茨曲线理论假说，环境质量的改善不会自动产生，需要有严格而有效的环境规制对环境污染加以改善，只有这样，才能避免过去“先污染后治理”的老路，实现环境保护与经济发展的双赢。改善环境的政策工具包括政府直接管制、法律、污染权交易制度和环境税等，其中环境税是被认为最为有效的一种方式。

（二）环境保护税改革的基本思路

环境税是指对环境与生态保护有积极影响的税收制度。针对污染环境的行为进行的治理，国内已经存在排污收费的制度。目前我国征收排污费的项目有废气、废水、固体废弃物和放射性废弃物等五大类共计 113 项。尽管收费和收税都可以将污染造成的外部成本内部化，但从实际运行角度看，现行排污收费制度存在以下突出问题：

（1）收费项目宽泛杂乱，收费标准不合理，某些污染物尚未纳入收费范围；

（2）排污收费各环节在实施中存在不规范，环保部门执行力度有限；

（3）收费约束不够，随意性大，尤其当排污收费被地方政府当作区域间争夺经济资源的政策措施时更为如此。

因此，现行排污收费制度对污染治理的功能弱化，应对现行排污收费制度进行“费改税”，将其改造为环境保护税，实行“环保核定、地税征收”的征管模式，适度扩大征收范围，提高征收标准，凸显该税种对环境保护的调节职能。改革初期的重点在于实现排污“收费”向“收税”的平稳过渡，然后再逐步建立相应配套机制。

环境保护税的税制设计要素如下：

（1）纳税人：依据“谁污染谁治理”“谁污染谁付费”的原则，环境保护税的纳税人应包括我国境内一切有向自然环境排放污染物或废弃物的单位和个人。对污染物和废弃物的认定由环境部门和税务部门共同认定，并由立法机关和税务行政部门以列举的方式在税法和条例中注明。鉴于我国当前税务征管水平的现状以及工业污染是环境污染的主要因素等特征，现阶段环境保护税的纳税人主要界定为工业企业；

（2）课税对象：理论上，应该对所有污染环境的行为和污染环境的产品的加工、生产课征环境保护税，但考虑到现实条件的约束和税收征管的成本与收益的对比等因素，开征此税的初期，课征范围不宜过宽，应先从重点污染源和易于征管的对象入手，待条件成熟再逐步扩大征税范围。现阶段，首先应把排放各种废气、废水和固体废物（包括工业生产中产生的废渣及各类污染环境的工业垃圾）的行为列入环境保护税的征收范围；其次应把那些用难以降解和再回收利用的材料制造的各类商品包装物品纳入环境保护税的征收范围；

（3）计税依据：对应税排污行为应以污染物的实际排放量为计税依据，采用定额税率，实行从量定额课征。对实际排放量难以确定的，可根据纳税人的设备生产能力及实际产量等相关指标测算排放量，作为计税依据。从便于征管的角度，针对煤炭、天然气、石油等化石燃料中的碳含量来课税比按二氧化碳排放量课税更为可行；

（4）税率：环保税的课征目的在于借助税收杠杆遏制污染和破坏环境的行为，并为环境保护事业筹集资金。因此，从宏观上讲，环保税的负担应以满足政府为消除纳税人所造成的污染而支付的全部费用（即补偿其外部成本）为最低限量。

环保税税率应实行定额税率的形式，将税负与污染的数量直接对应，并依据不同的税目实行差别税率。对污染程度高、破坏性强的行为和产品课以高税率，以达到控制和减少污染的政策目的。

由于我国地域广大，各地产业发展、人口密度和对环境需求状况等因素各异，对环保税的实施应实行差别定额税率。同时考虑到当前经济状况，为避免环保税的开征对宏观经济产生较大冲击，环保税应遵循税负基本不变的原则进行"费改税"，待宏观经济形势好转，再逐步提高税率。

环境保护税是一种专项税或特定目的税（earmarked tax），应坚持专款专用原则，将征收上来的税款专门用于环境保护和治理，同时也可为科研机构提供有关环保治理方面科学研究的经费。另外，形正环境保护税还要加强税务部门与环境保护部门的联系与协作。

三、其他地方税税种的完善

（一）契税改革

契税是在不动产流转环节征收，具有财产转移课税的性质，其计税依据是不动产的价格，依据不动产权属转移方式不同确定具体的计税依据。2013 年我国契税收入为 3844.02 亿元，占地方税收入的 7%。近年来我国契税收入总体呈稳步上升趋势，显示出巨大的发展潜力。

随着我国城市化进程的加快，普通住宅和其他房地产将不断增长，随之而来的土地和房屋权属转移等交易行为将大幅增加，契税的收入规模也将呈现持续稳步增长的趋势，其在筹集地方财政方面的优势将进一步凸显。

对契税的改革，一是在现有的税制架构下继续对有偿购置和转让的不动产征收契税，维持现有契税收入规模；二是与印花税实施联动改革。除缴纳印花税的证券交易项目外，对其他产权凭证纳入契税征收范围，并同时取消印花税，以解决印花税与契税的部分税基重复征税问题。

（二）车船税改革

车船税是对在我国境内的车辆、船舶依据其种类按照规定的计税依据和年税额标准计算对其所有人或者管理人征收的一种财产税。

尽管车船税法已经正式施行，但对乘用车车船税问题的争议一直未停息。一是对车船税法以排气量作为乘用车的计税依据的立法理由存在争议。认为车船税作为财产税，以排气量作为计税依据缺乏合理性，不能完全体现车船税的财产税性质，既难以实现车船税调节财富差距的目的，也有违税负公平原则；二是现行车船税的乘用车各税目之间的征税梯度间距过大，乘用车税额区间设置不合理，区分度不高。为此，应以构建地方税体系为契机，以现行车船税制存在的问题为导向，对我国车船税实施改革，完善车船税的计税依据，将目前按照排气量征收的定额税制调整为“按排量征收”与“按价值征收”相结合的复合税基制度。

1. 改革税额档次，提高大排量车的税率

随着社会的发展和人民生活水平的提高，小汽车已经进入寻常百姓家，成为普通消费品。目前，绝大部分乘用车的排量集中在 1.0 升至 2.0 升，排量 1.6 升至 2.0 升的车是将来汽车工业发展的主流。现有的车船税作为一种财产税，缺乏应有的调节力度，不能真正体现财产税的调节作用。要想真正发挥我国车船税“抑大扬小”的调节作用，应进一步加大调节力度，进一步细化按乘用车排气量划分的税额档次，降低小排量乘用车的税负水平，提高大排量乘用车的税负水平。考虑到我国乘用车排量 1.0 升至 2.0 升区间为主打车型的实际情况，应保持这一区间税负平稳，同时提高 2.0 升以上大排量车型的车船税税额，以体现税收的调节职能。

2. 改革和完善车船税计税依据，实行“复合征收”

在促进节能减排的政策工具中，相对于消费税、车辆购置税的调节作用，车船税的作用只是辅助性的、配合性的，因此，我国车船税改革应采用“从量”（按排量征收）与“从价”（按价值征收）相结合的方法，实行“复合征收”。借鉴国际经验并结合我国实际，可以将车船的购置价格作为车船税的主要计税依据，同时综合考虑车辆的排气量和排放标准等因素，对一定排放标准以下的车船给予免税的优惠政策。这种按财产占有多少差别征税的征收方法既体现了税收的公平性，又体现了节能减排的政策导向和促进作用。

（三）印花税改革

印花税是一种具有行为税性质的凭证税，其征税对象是经济交往活动中的经济凭证。

印花税是世界各国普遍征收的一个古老税种，历史悠久，最早始于 1624 年的荷兰。印花税具有覆盖面广、税率低、纳税人自行完税等特点。

现行印花税的主要问题在于：印花税与契税并行开征，税基重叠，存在对同一课税对象重复课税的问题。此外，印花税是计划经济下的产物，其收入规模小，征收成本高。从国际实践看，世界上许多国家已经取消了印花税，如美国 1966 年废止；德国 1991 年废止；日本 1999 年废止。欧盟（当时称欧共体）1969 年的指令指出：“各成员国征收的证券印花税，造成双重征税，引起歧视，构成对资本自由流动的不对称干预，所以应该通过税收协调予以废除。”因此，从税制设计公平合理的角度，完全可以取消印花税，将其并入契税，统一征收，以消除重复征税的问题。

（四）土地增值税改革

土地增值税以纳税人转让房地产取得土地增值额为征税对象，目的是为了规范土地市场交易秩序，合理调节土地增值收益，体现国家作为土地所有者参与土地增值收益分配的权利，同时也体现国家作为行政管理者通过税收手段对房地产市场和土地市场宏观调控的义务。

由于土地增值税税种本身的复杂性，税收理论上也没有一个清晰的界定。增值税与土地增值税征收的理论基础是不一样的，土地增值税是一个特别的税种，相当于中石油、中石化的特别收益金，其实质是国家要将土地自然增值的那部分价值收走，因而与作为流转税的增值税的理论基础完全不一样。从税种税制角度来看，土地增值税增值额的计算与增值税的直接计算法相类似，但又有其特殊性。土地增值税与增值税“形似而神不似”。

从作用角度，税种应具有调控作用，土地增值税的调控作用在于打压房价，但是目前的土地增值税政策对抑制房价过快上涨的调控作用收效甚微。现行土地增值税开征的初衷是调节房地产市场，但从多年实践来看，土地增值税对房地产市场无论是价格还是供求的调节都没达到预期的制度效果。

土地增值税计税程序非常复杂，如各项扣除项目的确定，为便于计算和征收，税务部门一般只对项目按销售金额的0.5%至2%预征，项目结束后大致核定一个纳税金额，绝少严格按四级累进制进行清算。因此，土地增值税基本上就是一笔糊涂账。此外，土地增值税清算需要审核大量跨若干年度的收入、成本和费用情况，征收成本和纳税成本都很高，税收征管难度大并容易产生执法风险。

随着房地产税的征收以及“营改增”的完成，土地增值税的历史使命也就完成了，将其取消也是一种历史的必然。

（五）城建税及教育费附加改革

根据《城市维护建设税暂行条例》的规定，城市维护建设税是一种具有专款专用性质的地方税。教育费附加名义上是一种费，实质上具有税的性质。

城市维护建设税、教育费附加和地方教育费附加（以下简称“城建税及教育附加”）均属于附加税（费）、特定目的税（费）和受益税（费），以增值税、消费税、营业税三种流转税的实际缴纳金额作为计税依据，对于筹集城市维护建设和地方教育资金具有相对稳定的收入来源渠道和规模，起到了一定的作用。目前除铁道系统、人民银行和各商业银行总行、保险总公司上缴的城建税及教育附加由国税机关负责征收作为中央预算收入外，其他的城建税及教育附加以及全部地方教育费附加均作为地方收入，由地税机关征收。

城建税及教育附加政策出台早，税制相对陈旧，同时，两项教育费附加同时征收，存在重复课税现象，加重了纳税人负担。从税制设计看，城建税及教育附加以增值税、消费税、营业税应纳税额为税基，税收收入直接受制于三大流转税，任何关于三大流转税的改革，将直接传导给该税种，使得税收收入受到直接影响。城建税及教育附加的附加税（费）性质，使税收征管失去了执法刚性，税务部门无法对欠税进行独立征缴和处罚。此外，城建税及教育附加税率是按行政区划级别设置的，纳税人行政区划不同而税负不同，有违税制的公平原则。实际征缴中，也由于城市、县城和建制镇的具体范围，尤其是郊区，难以界定，税务机关在征管过程中面临许多困难。

鉴于城建税及教育附加存在上述征管现状及突出问题，故亟须加快税制改革步伐。其基本思路为：按照简化征管、保障收入的原则，为明晰税种征收目的，易于为纳税人所理解和接受，应继续保留城建税，对两项教育费附加进行“费改税”，将城市维护建设税与教育费附加、地方教育费附加合并为“城乡建设发展税”，成为名副其实、收入稳定的地方独立税种。

为便于更加科学、合理地设置相关税制要素，更符合征收目的，城乡建设发展税作为独立税种的改革思路如下：

（1）将现行城市维护建设税、教育费附加合并，更名为“城乡建设发展税”，使城乡建设发展税成为一个独立的地方税种。这种制度安排不但有利于税收公平，而且与地方政府的公共服务职能相适应；

（2）为了体现享用地方市政公共设施与纳税义务相对应的“受益”原则，在计税依据方面，将原来以“三税”为计税依据改为以产品销售收入、营业收入或其他业务收入为计税依据，并将征收范围扩展到所有单位及个人，使之成为市县级财政的独立税种。这样既体现了受益与负担一致的原则和国民待遇原则，又可以为地方政府筹集到更多的建设资金，从而促进城乡建设和提高公共设施质量与水平。考虑到该税的受益性质，需体现受益与负担相一致的原则，因此，城乡建设发展税的纳税地点应为纳税人生产经营所在地；

（3）在保证原有收入规模基础上，将原按行政区划级别设置的等级税率，改为统一的一个标准税率，这样既保持了原有税负的基本稳定，实际工作中又便于操作和征管。同时，由于我国地域辽阔，存在各地经济发展水平及对城乡建设资金需求不同等实际情况，税率方面可赋予地方政府一定立法权限，即国家可确定标准税率为0.5%～1%，由地方政府结合辖区发展情况和经济调控需求进行上浮或下调；

（4）明确征收主体。进一步明确城乡建设发展税为地方税，征收主体为地方税务局，地方税务局具有不可争议的税收管辖权和征收管理权。

第五章　新型地方税体系的经济效应分析与政策评估

在第四章中，本书对构建以零售税和房地产税为地方税主体税种的地方税体系税制框架进行了理论探讨。本章将以第四章构建的新型地方税体系框架为基础，对零售税、房地产税等新型地方税主要税种建立税源评估模型，考察零售税和房地产税的开征对地方财力的影响，分析新型地方税体系引起的财力变化及产生的经济效应，验证该体系架构在全国实施的可行性。

第一节　零售税开征的效应分析

税收政策效应分析涉及诸多主体和变量的变化，普通的局部均衡分析和一般计量方法难以胜任。一般均衡模型同时考虑了多个部门与市场的行为模式与均衡情况，能够更为全面地了解经济运行的全貌。模型中各部门直接的相关性可以保证政策变量的变动能够对经济整体的变动情况保持准确、全貌的了解，因此，一般均衡分析非常适合进行税收政策效应分析。

一、测算方法与模型设定

GTAP 是由美国普渡大学（Purdue University）主导开发的全球贸易分析计划（Global Trade Analysis Project）发展而来，这是一个进行国际政策问题量化分析的研究者和决策者的全球网络模型，GTAP 的目标是改善在经济领域框架内全球经济问题量化分析的质量。

标准 GTAP 模型是一个基于新古典理论的多地区、多部门 CGE（可计算一般均衡，Computable General Equilibrium）模型。GTAP 模型为用户提供了广泛的闭合选项，包括失业、税收收入替代和固定的贸易平衡闭合以及局部均衡闭合的选项（便于基于局部均衡假设研究的结果的比较）。GTAP 的核心是其数据库，这是一个描述双边贸易类型、生产、消费以及商品与服务中间使用的全球数据库。

GTAP 模型属于比较静态模型，基本假设前提是完全竞争，市场所有要素完全出清，规模收益不变，同时，服从所谓的 Armington 假设条件，即进口品与国产品不同质，不能完全相互替代。

GTAP 模型采用 C-D（Cobb-Douglas）效用函数，区域产出分别在私人、政府以及储蓄三部门之间进行分配，使各部门当期消费的比例固定。厂商的产出采用 Leontief 函数，并假设生产函数具有可分性（Separability）及固定规模报酬的特性。模型基本嵌套结构如图 5-1 所示。

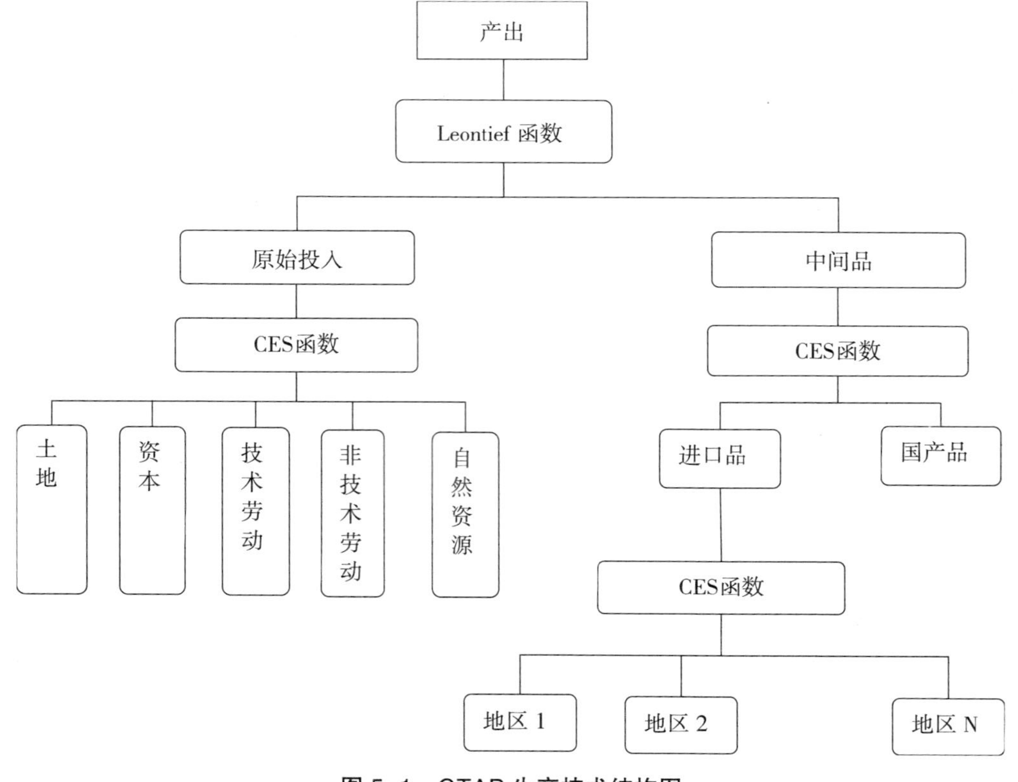

图 5-1　GTAP 生产技术结构图

（一）私人部门行为

私人部门支出首先用 CES 函数将国产品与进口品组成综合商品，然后采用 CDE

效用函数决定产品组合。CDE 效用函数受下式的预算约束：

$$\sum B(i,r) \bullet UP(r)^{\beta(i,r)\gamma(i,r)}[PP(i,r)/E(PP(r))]^{\beta(i,r)} \equiv 1 \tag{5.1}$$

其中，i 为某部门，r 为某地区，UP（r）为 r 地区的私人部门效用函数，PP（i，r）为 i 部门 r 地区私人部门的价格向量，E（•）为一定效用水平所对应的最小预算，B（i，r）为 i 部门 r 地区预算份额的比例因子，β 为需求的自价格弹性，γ 为需求的收入弹性，为简化起见，假定总收入恒等于 1。

（二）政府部门行为

政府部门也由 CES 函数将国产品与进口品组成综合商品，再用 C-D 函数决定其消费组合，政府部门的效用函数如下式：

$$UG(r) = \prod_{i=1}^{n}(QFE(i,r))^{\tau^i} \tag{5.2}$$

UG（r）为 r 地区政府部门的效用函数，qi 为第 i 种最终商品的消费量，τi 为第 i 种商品的 C-D 函数支出份额。

收入方面，政府通过各种税收获取财政收入，模型中将税收分为要素税、零售环节商品税、生产环节商品税和进出口关税，收入等于各种税收之和。如下式：

$$YG = \sum_i (WL \cdot QLD(i,r) + WK \cdot QKD(i,r)) \cdot t_e + \sum_i YR \cdot t_r + \sum_i YE \cdot t_e + \sum_i QX \cdot t_x + \sum_i QM \cdot t_m \tag{5.3}$$

支出方面，包括政府和居民、企业购买及国外转移支付及政府储蓄：

$$YG = \sum_i PA_i \cdot QG_i + TRG + GSAV \tag{5.4}$$

（三）厂商行为

标准 CGE 模型使用 CES 函数描述生产者的生产行为：

$$QA_a = A_a[\delta_a QVA_a^{\rho_a} + (1-\delta_a)QINTA_a^{\rho_a}]^{\frac{1}{\rho_a}}, a \in A \tag{5.5}$$

企业在既定的生产条件和既定的产量下，生产决策遵循成本最小化原则，表现为如下公式：

$$\min C_a = PVA_a \bullet QVA_a + PINTA_a \bullet QINTA_a, a \in A \tag{5.6}$$

$$S.T. QA_a = A_a[\delta_a QVA_a^{\rho_a} + (1-\delta_a)QINTA_a^{\rho_a}]^{\frac{1}{\rho_a}}, a \in A \tag{5.7}$$

此处 a 表示行业，QA 表示行业产量，QVA 表示行业增加量，$QINTA$ 表示行业中间投入；PA、PVA、$PINTA$ 分别表示三者价格。A 表示规模参数，δ 表示份额参数。

用拉格朗日方程求解：

$$\min L = PVA_a \bullet QVA_a + PINTA_a \bullet QINTA_a - \lambda(QA_a - A_a[\delta_a QVA_a^{\rho_a} + (1-\delta_a)QINTA_a^{\rho_a}]^{\frac{1}{\rho_a}}), a \in A \tag{5.8}$$

对相应变量求微分，有一阶条件：

$$\frac{\partial L}{\partial QVA_a} = PVA_a - \frac{\lambda A_a}{\rho_a}[\delta_a QVA_a^{\rho_a} + (1-\delta_a)QINTA_a^{\rho_a}]^{\frac{1}{\rho_a}-1}\delta_a\rho_a QVA_a^{\rho_a-1} = 0 \tag{5.9}$$

$$\frac{\partial L}{\partial QINTA_a} = PINTA_a - \frac{\lambda A_a}{\rho_a}[\delta_a QVA_a^{\rho_a} + (1-\delta_a)QINTA_a^{\rho_a}]^{\frac{1}{\rho_a}-1}(1-\delta_a)\rho_a QINTA_a^{\rho_a-1} = 0 \tag{5.10}$$

合并两个一阶条件，可以得到：

$$\frac{PVA_a}{PINTA_a} = \frac{\delta_a}{1-\delta_a}(\frac{QINTA_a}{QVA_a})^{1-\rho_a}, a \in A \tag{5.11}$$

此为成本最小化的优化条件。加上生产的价格方程，便可得到传统 CGE 模型生产厂商的三个基本方程：

$$QA_a = A_a[\delta_a QVA_a^{\rho_a} + (1-\delta_a)QINTA_a^{\rho_a}]^{\frac{1}{\rho_a}}, a \in A \tag{5.12}$$

$$\frac{PVA_a}{PINTA_a} = \frac{\delta_a}{1-\delta_a}(\frac{QINTA_a}{QVA_a})^{1-\rho_a}, a \in A \tag{5.13}$$

$$PA_a \bullet QA_a = PVA_a \bullet QVA_a + PINTA_a \bullet QINTA_a, a \in A \tag{5.14}$$

如图 5-1 所示，厂商生产函数为树状结构。为简化模型中需要估计的参数，第一层嵌套的生产函数假设为 Leontief 函数，表达式为：

$$QF(i,r) = Min[\frac{1}{a_{(i,r)}}QVA(i,r); \frac{QFE(i,r)}{b_{(i,r)}}] \tag{5.15}$$

QF 为第 *i* 个行业第 *i* 个产业的产品总量，*fi* 为综合原始要素投入，*QFE*（*i*，*r*）为中间投入，*ai*，*bi* 为相应的固定系数。

树状结构的第二层左边部分描述了各种要素投入与生产间的关系，其生产函数假定为 CES 函数，表达式为：

$$QVA(i,r) = \alpha^{VA}{}_{(i,r)}[\delta^{VA}{}_{(i,r)}QLD(i,r)^{\rho^{VA}{}_{(i,r)}} + (1-\delta^{VA}{}_{(i,r)})QKD(i,r)^{\rho^{VA}{}_{(i,r)}}]^{\frac{1}{\rho^{VA}{}_{(i,r)}}} \tag{5.16}$$

该层 CES 生产函数最优条件下的价格与数量表达式为：

$$PAV(j,r)=\sum_{k\varepsilon ENDW}SVA(k,j,r)\cdot[PFE(k,j,r)-AFE(k,j,r)] \tag{5.17}$$

$$QFE(i,j,r)+AFE(i,j,r)=QVA(j,r)-\sigma_{VA}(j)\cdot[PFE(i,j,r)-AFE(i,j,r)-PVA(j,r)] \tag{5.18}$$

将 QVA 看作要素市场的供应方程，则同理可得要素市场的三个基本方程：

$$QVA_a=A_a^{VA}[\delta_a^{VA}QLD_a^{\rho_a VA}+(1-\delta_a^{VA})QKD_a^{\rho_a VA}]^{\frac{1}{\rho_a VA}},a\in A \tag{5.19}$$

$$\frac{WL}{WK}=\frac{\delta_a^{VA}}{1-\delta_a^{VA}}(\frac{QKD_a}{QLD_a})^{1-\rho_a^{VA}},a\in A \tag{5.20}$$

$$PVA_a\bullet QVA_a=WL\bullet QLD_a+(1+TVAK_a)WK\bullet QKD_a,a\in A \tag{5.21}$$

QLD 和 QKD 分别表示劳动和资本的数量。

中间投入方程为：

$$QINT_{ca}=ica_{ca}\bullet QINTA_a,a\in A,c\in C \tag{5.22}$$

$$PINTA_a=\sum_{c\in C}ica_{ca}\bullet PQ_c,a\in A \tag{5.23}$$

其中 ica 表示中间投入部分的投入产出直接消耗系数。

中间投入部分也包括两层，第一层为国产品与进口品的替代关系，二者通过 CES 函数组合成一个综合中间产品，第二层为不同来源国的进口中间产品组合成为一个综合进口品，假定也采用 CES 函数，与上式类似。

最终商品的市场出清方程为：

$$Q(i,r)=QDS(i,r)+QST(i,r)+\sum_{s\varepsilon REG}QXS(i,r,s) \tag{5.24}$$

（四）宏观闭合

宏观闭合对模型测算结果有较大影响。标准的 CGE 模型新古典主义闭合条件下，假定劳动和资本等要素市场完全出清，从而在此框架下，税制改革只会影响要素和产出在各个经济主体之间的再分配，而不会对总量产生影响。但我国目前劳动力市场存在大量剩余劳动力，同时资本市场不完善，受政府行为影响较大，因此，我国劳动力市场和资本市场都不存在完全出清的现象，这符合凯恩斯闭合中生产要素具有价格下降黏性、经济主要靠有效需求来拉动的特性，因此本书选用凯恩斯闭合作为 CGE 模型的闭合规则。

二、零售税的效应分析

（一）对总体经济的影响

税收的根本职能是筹集财政收入。为检验“营改增”后零售税开征的经济效应，本书选用 GTAP 8 数据库进行模拟测算和分析。GTAP 8 数据库将全球划分为 129 个国家和地区，含 57 个产业部门，以 2007 年各国投入产出表为基础。学界在利用 GTAP 进行政策模拟和评估时，一般依据各自研究对象，在原始数据库基础上将行业合并和加工，构建所需评估模型进行分析，本书在 GTAP 软件分类基础上，将产业部门合并为十大类，具体分类如下表。

表 5-1　产业部门分类

类　别	产品部门
农业	水稻、小麦、谷物及其他相关产品、蔬菜、水果、坚果、油料作物、糖料作物、纤维作物、谷物及相关产品
畜牧业	牛羊马牲畜、奶、毛及蚕茧、牛羊马肉、动植物油脂、肉制品及相关产品、饮料及烟草制品、奶制品、油脂制品
资源产业	森林、水产品、煤、石油、天然气、矿产、石化及煤制品
食品加工业	加工大米、糖、食物制品及相关制品
纺织服装业	毛及丝制品、纺织品、服装、皮革制品
轻工业	电子设备、交通运输设备及相关产品、机动车及零配件、制造业其他产品、木制品、化学橡胶品、塑料
重工业	机械设备及相关产品、矿产制品及相关产品、黑色金属、有色金属及相关产品、有色金融制造品
公共事业及建筑业	电力、水力、社会用气、建筑
通讯及交通业	贸易、交通及其他相关服务、海运、空运、通讯
其他服务业	民居、政府 / 法院 / 医疗 / 教育、娱乐及相关服务、金融及其他相关服务、保险、商务服务及其他相关服务

按照前文的分析，我国零售税税率的合理区间为 1% ~ 5%，同时为不增加纳税人负担，减少改革阻力，将增值税的最高边际税率由 17% 调减为 13%。因此，利用 GTAP 软件分别设定行业增值税率为 13%，零售税率为 1%、3%、5% 时，税制改革对宏观经济的影响和冲击。

依据以上设定方案及模型，通过对零售税开征的三种情形对经济增长、政府税收、私人消费支出及产业结构影响等，分别做出具体的模拟和测算分析。

通过 GTAP 8 软件的运行，得到以下具体模拟测算结果（如表 5–2、表 5–3、表 5–4 所示）。

表 5–2　各行业增值税率为 13%，零售税率为 1% 的情况下的宏观经济影响

宏观经济的变动		行　业	产出变动（%）	价格变动（%）
名义 GDP	–0.01%	农业	–0.11	–0.17
政府净税收	–1268 百万美元	畜牧业	–0.16	–0.16
私人消费支出	–0.76%	资源产业	0.05	0
		食品加工业	–0.19	–0.11
		纺织服装业	0.14	–0.07
		轻工业	0.1	–0.06
		重工业	0.13	–0.04
		公共事业及建筑业	0.01	–0.05
		通讯及交通业	–0.1	–0.07
		其他服务业	–0.03	–0.06

数据来源：GTAP 8 数据库。

表 5–3　各行业增值税率为 13%，零售税率为 3% 的情况下的宏观经济影响

宏观经济的变动		行　业	产出变动（%）	价格变动（%）
名义 GDP	–0.05%	农业	–0.31	–0.51
政府净税收	–1251 百万美元	畜牧业	–0.47	–0.48
私人消费支出	–2.31%	资源产业	0.14	–0.02
		食品加工业	–0.56	–0.31
		纺织服装业	0.46	–0.22
		轻工业	0.3	–0.17
		重工业	0.39	–0.13
		公共事业及建筑业	–0.01	–0.16

续 表

宏观经济的变动		行 业	产出变动（%）	价格变动（%）
		通讯及交通业	-0.31	-0.21
		其他服务业	-0.09	-0.2

数据来源：GTAP 8 数据库。

表 5-4 各行业增值税率为 13%，零售税率为 5% 的情况下的宏观经济影响

宏观经济的变动		行业	产出变动（%）	价格变动(%)
名义 GDP	-0.09%	农业	-0.51	-0.85
政府净税收	-1169 百万美元	畜牧业	-0.78	-0.8
私人消费支出	-3.87%	资源产业	0.23	-0.03
		食品加工业	-0.93	-0.51
		纺织服装业	0.77	-0.36
		轻工业	0.49	-0.29
		重工业	0.64	-0.22
		公共事业及建筑业	-0.04	-0.27
		通讯及交通业	-0.5	-0.35
		其他服务业	-0.14	-0.34

数据来源：GTAP 8 数据库。

按照本书设计的零售税改革方案，从以上模拟测算结果可以看出：

1. 对宏观经济的影响

对税制改革的经济特征和经济效应的描述很重要的一个方面在于经济规模或产出的变化。本书所设计的地方税改革方案为，对于零售环节加征 5% 零售税，同时增值税最高边际税率从 17% 降低为 13%，增值税是宽税基的流转税，尤其在“营改增”之后，增值税税基涵盖了所有商品和劳务，这 4 个百分点的税率下调必将大大降低企业和居民的税负，能够对备受诟病的我国当前以流转税为主体的税制结构起到较大的减税效应。因此，该改革方案理应对我国的经济发展起到较强的增长效应。上述模拟测算表明，在增值税率设定为 13%，零售税率分别设定为 1%、3%、5% 时，名义

GDP 分别增长 –0.01%、–0.05%、–0.09%。名义 GDP 有轻微下降，这主要受通货膨胀和价格下调因素的影响，而剔除通货膨胀和价格效应的实际 GDP 应该呈增长趋势。总体看来，该改革方案对我国经济发展起到了较好的促进作用。

2. 对政府税收的影响

政府净税收变化分别为 –1268、–1251、–1169 百万美元。由于增值税最高边际税率由 17% 降为 13%，减税带来的各行业税负降低，将会通过商品的流转环节传递到最终消费环节，降低商品的零售价格。由于增值税是多环节课税，零售税为单一环节课税，增值税的税基大于零售税的税基，增值税减税的效应将大于零售税开征带来的增税效应，因此总体上政府净税收呈下降趋势。但由于我国现行增值税有大量小规模纳税人，其税基为销售收入，税率为 3%，因此，这部分纳税人的增值税收入不会发生改变，因此，实际的税收收入应该比测算的更小，即税收收入不会有太大的变化。

3. 对私人消费支出的影响

私人消费支出方面，三种方案的变化分别 –0.76%、–2.31%、–3.87%，表明新方案对私人消费支出有一定影响，且随着零售税率的上升，私人消费支出呈递减趋势，表明，零售税率设置过高将对私人消费有较强抑制作用。

4. 对产业结构的影响

现有税制体系中增值税为中央和地方共享税，营业税为地方税，这样的分配体制极易推动工业和房地产业的投资过热。地方税体系的改革方案应发挥积极的宏观调控作用，调动要素和资源的合理配置，引导产业结构的升级和合理化。从产业结构来看，税制改革对各产业的产出和价格产生了不同程度的影响。总体看来，可概括为增加了产出，降低了价格。其中，工业生产部门的产出较为明显，农牧业部门价格下降比较明显，服务业的产出和价格略微下降。以上模型的测算结果表明，本方案的销售税改革能够有效拉动经济增长，促进产业结构升级，因此改革带来的增长效果较为理想。

（二）对地方财力的影响

我国目前税制架构下，中央与地方增值税的分成比例为 75% ： 25%，“营改增”后，从地方政府转移出去的税收收入为原营业税收入减除改革后增值税地方分成的 25%。

2014 年我国营业税收入为 17781.62 亿元，则“营改增”后地方政府失去的收入为：17781.62–[17781.62/（1+5%）]×13%×25%=17231.24 亿元。[1]

[1] 为简化起见，这里不考虑营改增后可以抵扣的固定资产购买的进项税，并假定营业税的平均税率为 5%。同时，开征零售税后，为减少居民税收负担和减少改革阻力，将增值税最高边际税率从 17% 降为 13%。

零售税的税基大体上是社会消费品零售总额，2014 年我国社会消费品零售总额为 271896.1 亿元，则按零售税税率 5% 的方案设计计算，开征零售税的地方财政收入为 13594.81 亿元。

尽管二者之间仍存在 3636.43 亿元的缺口，但从长期看来，我国零售税具有很大的增长潜力。随着经济的转型和政府促进内需政策的推进落实以及居民收入增长带来的消费能力的不断提高与社会保障体制的不断完善，我国居民消费将会持续上升，相应的零售税也将会随之迅速增长。此外，房地产税开征、地方辅助税种改革等所带来的税收增加也可以弥补“营改增”后零售税开征造成的地方财力缺口。因此，零售税将具有良好的地方财政收入筹集能力，能够确保地方政府足够、可预期的收入，满足地方政府财政支出要求，担当起地方税主体税种的重任。

第二节　房地产税开征的效应分析

尽管将现行房产税和城镇土地使用税改造成房地产税的主要目的是弥补“营改增”后地方财力缺口，充实地方财政，但房地产税改革主要的着力点还是出于简化税制、改变课税环节和计税依据以促进合理课税和税收公平，同时兼顾弥补地方财力。由于房地产税是直接税，税负不易转嫁，新的税种的推出会面临比较大的改革阻力，因此，我国房地产税改革的总体思路应该以不增加现有房地产相关税收的总体税负水平为原则，以尽可能减小税制改革的阻力，同时实现课税环节从交易流转环节到保有环节的转变。

一、测算方法

按照国际惯例并结合我国国情，我国房地产税应以不动产的评估价值减除一定扣除项目标准后的余额作为计税依据，扣除项目包括免税面积、免征额、修理费用等。房地产税课税的一个重要环节是房地产评估价值的确定，房地产评估价值通常要综合考虑以下几个方面的因素算出：以前的税收评估价值、以前的销售价格、抵押贷款数额与利率、租赁和租金价格以及由不动产管理部门提供的其他资料等。

（一）不动产价值的评估方法

对不动产的评估方法有很多种，分别适用于对不同类型房地产的价值评估，但通常最主要的有三种评估方法：重置成本法、收益法、市场价值法。具体区别如下：

1. 重置成本法（成本置换法）

重置成本法是用目前的市价或当前条件下重新购置或建造一个完全崭新的被评估

资产所需的全部成本，扣除被评估资产已经发生的贬值，以得到的差额作为被评估资产评估值的一种常用资产价值评估方法。

采用重置成本法确定评估值也可首先估算被评估资产与其他全新资产相比有几成新，即求出成新率，然后用全部成本与成新率相乘，得到的乘积作为资产价值的评估值。

评估公式为：

评估价值 = 财产重置成本 - 折旧 - 无形损耗

这种方法一般用于新的、独特或专门物产建筑及其他构筑物的评估。由于考虑了财产的折旧和损耗，比较合理，但存在计算上的主观臆断，通常不适用于对不动产自然增值的评估。

2. 收益法

也称潜在价值法，是一种用对财产的预期收益折算成现期收益来评估财产价值的方法。当未来财产收益有年限时，可以将未来收益折现，其公式为：

$$V_0 = \sum_{t=1}^{n} \frac{R_t}{(1+i)^t} \tag{5.25}$$

其中，V_0 为财产收益折现，R_t 为第 t 年的财产收益，i 为贴现率。

若未来财产收益无年限时，可采用资本化方法对财产进行评估。即：

$$V_0 = ER / r \tag{5.26}$$

其中，ER 为财产预期年收益额，r 为平均财产收益率。

上述两种估算方法在正常情况下大体一致。

3. 市场价值法（销售价格比较法）

这种估价方法以市场上相同或类似财产为参照物，同时对相同或类似财产的市场价格进行比较并矫正差异，充分考虑影响交易价格的各种因素后，确定一个评估率，再用评估率乘以市价得出应纳财产税的税基。

设 MV 为财产的市场价格，t_a 为评估率，AV 为财产的评估价值，则：

$$AV = t_a \bullet MV \tag{5.27}$$

进一步设 T_p 为财产税，t_n 为财产税名义税率，则：

$$T_p = t_n \bullet AV \tag{5.28}$$

从上述两个公式可以得出财产税的有效税率为：

$$t_e = \frac{T_p}{MV} = t_n \bullet t_a \tag{5.29}$$

此种方法类似于银行等金融机构发放抵押贷款时对资产价格的评估。

以上三种方法各有优缺点，适用于不同的范围，在进行评估实务操作时，为使评估价值尽量准确，通常依据不动产的属性综合使用不同评估方法以达到对不动产的公平估价。目前我国的房地产评估尚处于起步阶段，为配合房地产税的开征，亟须对我国的房地产评估从立法和管理等方面进行进一步的规范。

（二）房地产税的测算方法

从前文的分析可以看出，从我国现阶段国情出发，目前我国房地产税改革较为可行的方案是将现行房产税与城镇土地使用税合并，并取消土地增值税，设立新的房地产税。

房地产税的开征对我国现行房地产行业及地方财力将产生何种经济效应和影响，需要在实践中进行进一步的检验和论证。

为推进房地产税制改革试点工作，根据国家税务总局关于“两湖地区”房地产税制改革调查测算方案要求，2013 年湖北省地方税务局以整合现行房产税和城镇土地使用税（简称“房土两税”）为房地产税并按评估值征税为改革主要目标，在湖北省东部 A 市进行了房地产税模拟评税工作，以 2012 年 12 月 31 日为基准时点，在现行“房土两税”征税范围内，以保持课税对象不变、保证法定减免税范围不变、保障“房土两税”收入规模不变为前提，开展了应纳“房土两税”房地产税试点测算。结合实际采用了三种评税模型的部分指标和修正系数，对不同类型的工商经营性房产分别采用重置成本法、收益法和市场价值法进行了评估、测算和分析。通过分析比较不同税率下房地产税收入的增减变化情况和行业税负变化情况，为我国房地产税的设计提供参考。

基本测算公式：

年应纳房土两税税额 = 年应纳城镇土地使用税税额 + 年应纳房产税税额

房地产税应纳税额 =（土地评估值 + 房产评估值）× 计税比例 × 适用税率

房地产税增减变化率 =（房地产税税额 – 房土两税税额）/ 房土两税税额 ×100%

二、房地产税的效应分析

参与本次房地产税模拟评税和测算的户数为 764 户，其中企业 702 户、个体 62 户。本次共有土地 1544 宗、房屋 2979 幢参与评税，房地产总评估值 2114131.37 万元，其中房产评估值 853895.91 万元，地产评估值 1260235.46 万元，剔除划拨地土地价值 205304.75 万元，房地产总评估值为 1908826.62 万元。根据房地产类型分别选用了重置成本法和收益法进行了评估，按纳税人总体税负保持不变、应纳两税收入规模不变两个前提条件，计税价值比例为 70%，分别按照设定的 1.16%、1.2%、1.26% 三档税率进行了测算，以充分考虑我国国情以及兼顾税收的筹集收入、税负公平、税收调节等功能，同时考虑到原两税收入若含土地价值计入房产原值征税，涉及重复征税问题，故同时测算了剔除土地价值后的房地产税应纳额。

具体测算结果见表 5-5 ~ 5-13。

表 5-5　房地产模拟评税户数情况表

序　号	行政区域	城镇土地使用税		房产税	
		应纳税户数	模拟评税户数	应纳税户数	模拟评税户数
1	A 分局	179	179	129	129
2	B 分局	91	91	87	87
3	C 分局	140	140	110	110
4	D 分局	225	225	201	201
5	E 分局	75	75	71	71
6	F 分局	36	36	38	38
合　计		746	746	636	636

注：（1）“行政区域”指参加模拟评税试点的各市、区、县。

（2）“应纳税户数”指参加模拟评税试点地区房产税、城镇土地使用税纳税人户数(含个体工商户，不含出租住房的个人）。

表 5-6 房地产税模拟评税行业评估值数据分析表

单位：万元

序号	行业	房产原值(1)	房产评估值(2)	增减额(3)=(2)-(1)	增减率(4)	全部				剔除划拨用地等不计入房产原值的土地价值因素			
						土地评估值(5)	房地产评估值(6)=(2)+(5)	增减额(7)=(6)-(1)	增减率(8)	房产原值中不含土地价值的土地的评估值(9)	剔除土地价值因素后的房地产评估值(10)=(6)-(9)	增减额(11)=(10)-(1)	增减率(12)
1	农、林、牧、渔业	1581.78	3357.62	1775.84	112.27%	945.09	4302.71	2720.93	172.02%	0.00	4302.71	2720.93	172.02%
2	采矿业	11904.29	18815.94	6911.65	58.06%	34470.37	53286.32	41382.02	347.62%	26376.71	26909.61	15005.31	126.05%
3	制造业	363888.73	453167.79	89279.05	24.53%	504604.71	957772.50	593883.76	163.20%	149696.96	808075.54	444186.81	122.07%
4	电力、热力、燃气及水生产和供应业	84330.58	115309.25	30978.67	36.73%	44076.68	159385.93	75055.35	89.00%	17878.29	141507.64	57177.06	67.80%
5	建筑业	19008.39	29293.77	10285.38	54.11%	13456.50	42750.27	23741.88	124.90%	3336.66	39413.61	20405.22	107.35%
6	批发和零售业	74223.63	88922.97	14699.34	19.80%	50849.50	139772.47	65548.83	88.31%	398.63	139373.84	65150.21	87.78%
7	交通运输、仓储和邮政业	20790.41	21693.56	903.15	4.34%	31744.13	53437.69	32647.28	157.03%	2505.01	50932.68	30142.27	144.98%
8	住宿和餐饮业	7950.55	21789.34	13838.79	174.06%	8950.15	30739.49	22788.94	286.63%	0.00	30739.49	22788.94	286.63%
9	信息传输、软件和信息技术服务业	13259.91	10746.39	-2513.52	-18.96%	5961.72	16708.11	3448.20	26.00%	1236.58	15471.53	2211.62	16.68%
10	金融业	40857.17	31878.57	-8978.61	-21.98%	13525.48	45404.05	4546.87	11.13%	3055.80	42348.25	1491.07	3.65%

续 表

序号	行业	房产原值(1)	房产评估值(2)	增减额(3)=(2)-(1)	增减率(4)	全部				剔除划拨用地等不计入房产原值的土地价值因素			
						土地评估值(5)	房地产评估值(6)=(2)+(5)	增减额(7)=(6)-(1)	增减率(8)	房产原值中不含土地价值的土地的评估值(9)	剔除土地价值因素后的房地产评估值(10)=(6)-(9)	增减额(11)=(10)-(1)	增减率(12)
11	房地产业	50793.08	23443.80	-27349.28	-53.84%	508163.48	531607.29	480814.21	946.61%	0.00	531607.29	480814.21	946.61%
12	租赁和商务服务业	15115.87	26486.21	11370.34	75.22%	16794.60	43280.81	28164.94	186.33%	2.54	43278.27	28162.40	186.31%
13	科学研究和技术服务业	589.71	795.72	206.01	34.93%	436.01	1231.72	642.01	108.87%	368.21	863.51	273.81	46.43%
14	水利、环境和公共设施管理业	1101.81	1130.83	29.02	2.63%	2055.65	3186.48	2084.67	189.20%	0.00	3186.48	2084.67	189.20%
15	居民服务、修理和其他服务业	1806.38	4655.75	2849.37	157.74%	357.07	5012.82	3206.45	177.51%	6.97	5005.86	3199.48	177.12%
16	教育	61.00	313.08	252.08	413.25%	513.03	826.12	765.12	1254.29%	32.96	793.16	732.16	1200.26%
17	卫生和社会工作	281.00	626.07	345.07	122.80%	185.73	811.80	530.80	188.90%	185.73	626.07	345.07	122.80%
18	文化、体育和娱乐业	921.79	1398.25	476.46	51.69%	23125.71	24523.96	23602.17	2560.46%	223.71	24300.25	23378.46	2536.19%
19	公共管理、社会保障和社会组织	30.29	71.00	40.70	134.36%	19.85	90.85	60.56	199.90%	0.00	90.85	60.56	199.90%
合计		708496.38	853895.91	145399.53	20.52%	1260235.46	2114131.37	1405634.99	198.40%	205304.75	1908826.63	1200330.24	169.42%

注："房产原值中不含土地价值的土地的评估值"指不计入纳税人应纳房产税房产原值中的土地的评估值，如国有企业的划拨用地等未计入房产原值的土地价值。

表 5-7 房地产税模拟评税经济类型评估值数据分析表

单位：万元

序号	经济类型	房产原值(1)	房产评估值(2)	增减额(3)=(2)-(1)	增减率(4)	全部				剔除划拨用地等不计入房产原值的土地价值因素			
						土地评估值(5)	房地产评估值(6)=(2)+(5)	增减额(7)=(6)-(1)	增减率(8)	房产原值中不含土地价值的土地的评估值(9)	剔除土地价值因素后的房地产评估值(10)=(6)-(9)	增减额(11)=(10)-(1)	增减率(12)
1	国有企业	239841.40	235282.41	-4558.99	-1.90%	371701.99	606984.40	367143.01	153.08%	186250.77	420733.63	180892.23	75.42%
2	集体企业	7552.44	13943.09	6390.65	84.62%	6543.90	20486.98	12934.54	171.26%	242.84	20244.14	12691.70	168.05%
3	股份合作企业	8036.39	9010.81	974.42	12.13%	1755.28	10766.09	2729.70	33.97%	898.61	9867.47	1831.08	22.78%
4	联营企业	412.00	1469.08	1057.08	256.57%	4.12	1473.20	1061.20	257.57%	0.00	1473.20	1061.20	257.57%
5	有限责任公司	264872.90	333656.71	68783.80	25.97%	500723.22	834379.92	569507.02	215.01%	10645.63	823734.30	558861.39	210.99%
6	股份有限公司	53707.23	48983.06	-4724.17	-8.80%	70875.94	119859.00	66151.77	123.17%	4818.39	115040.60	61333.37	114.20%
7	私营企业	104760.25	169363.86	64603.61	61.67%	249977.74	419341.60	314581.35	300.29%	1886.06	417455.54	312695.29	298.49%
8	其他企业	3548.71	16970.44	13421.74	378.21%	41801.17	58771.61	55222.90	1556.14%	559.90	58211.71	54663.00	1540.36%
9	港、澳、台商投资企业	10321.50	9960.20	-361.30	-3.50%	11231.19	21191.39	10869.88	105.31%	0.00	21191.39	10869.88	105.31%
10	外商投资企业	14802.37	13680.17	-1122.20	-7.58%	5364.73	19044.90	4242.53	28.66%	0.00	19044.90	4242.53	28.66%
11	个体经济	641.19	1576.09	934.90	145.81%	256.20	1832.29	1191.10	185.76%	2.54	1829.75	1188.56	185.37%
合计		708496.38	853895.91	145399.53	20.52%	1260235.46	2114131.37	1405634.99	198.40%	205304.75	1908826.63	1200330.24	169.42%

注：“房产原值中不含土地价值的土地的评估值”指不计入纳税人房产原值的土地的评估值，如国有企业的划拨用地等未计入房产原值的土地价值。

（一）按 1.16% 税率进行的房地产税模拟评税测算

表 5-8 房地产税模拟评税按行业分类汇总表

适用税率：1.16%（按应纳税额中不含土地价值计入房产原值征税，保证整体税负保持不变，计税比例为 70% 的情况下的测算税率）													单位：户、万元、万平方米		
序号	行业	本地区总户数（1）	本地区年应纳房土两税总税额（2）	评税户数（3）	土地面积（4）	年应纳土地使用税税额（5）	土地评估值（6）	房产建筑面积（7）	年应纳房产税税额（8）	房产评估值（9）	评税户年应纳房土两税税额（10）	房地产税应纳税额（11）	增减率（12）	剔除土地价值因素		
														房地产评估值（13）	房地产税应纳税额（14）	增减率（15）
1	农、林、牧、渔业	3	27.71	3	3.82	13.94	945.09	1.57	13.76	3357.62	27.71	34.94	26.10%	4302.71	34.94	30.45%
2	采矿业	16	483.31	16	103.29	381.19	34470.37	14.57	102.12	18815.94	483.31	432.68	-10.47%	26909.61	218.51	-53.23%
3	制造业	336	7663.12	336	1337.51	5191.70	504604.71	264.57	2471.43	453167.79	7663.12	7777.11	1.49%	808075.54	6561.57	-11.42%
4	电力、热力、燃气及水生产和供应业	12	1388.13	12	176.57	738.75	44076.68	36.08	649.38	115309.25	1388.13	1294.21	-6.77%	141507.64	1149.04	-14.37%
5	建筑业	31	282.50	31	37.22	170.30	13456.50	14.83	112.20	29293.77	282.50	347.13	22.88%	39413.61	320.04	17.19%
6	批发和零售业	87	995.02	87	115.33	466.89	50849.50	44.53	528.13	88922.97	995.02	1134.95	14.06%	139373.84	1131.72	17.66%
7	交通运输、仓储和邮政业	25	468.96	25	63.61	375.52	31744.13	16.65	93.44	21693.56	468.96	433.91	-7.47%	50932.68	413.57	-8.77%
8	住宿和餐饮业	11	200.35	11	16.44	99.18	8950.15	9.96	101.17	21789.34	200.35	249.60	24.58%	30739.49	249.60	28.88%

续 表

适用税率：1.16%（按应纳税额中不含土地价值计入房产原值征税，保证整体税负保持不变，计税比例为70%的情况下的测算税率）													单位：户、万元、万平方米		
序号	行业	本地区总户数（1）	本地区年应纳房土两税总税额（2）	评税户数（3）	土地面积（4）	年应纳土地使用税税额（5）	土地评估值（6）	房产建筑面积（7）	年应纳房产税税额（8）	房产评估值（9）	评税户年应纳房土两税税额（10）	房地产税应纳税额（11）	增减率（12）	剔除土地价值因素 房地产评估值（13）	剔除土地价值因素 房地产税应纳税额（14）	剔除土地价值因素 增减率（15）
9	信息传输、软件和信息技术服务业	6	174.87	6	13.47	76.00	5961.72	7.27	98.87	10746.39	174.87	135.67	-22.42%	15471.53	125.63	-25.68%
10	金融业	8	374.08	8	13.22	99.59	13525.48	17.89	274.50	31878.57	374.08	368.68	-1.44%	42348.25	343.87	-4.91%
11	房地产业	141	4485.24	141	756.31	4120.17	508163.48	8.74	365.08	23443.80	4485.24	4316.65	-3.76%	531607.29	4316.65	-0.44%
12	租赁和商务服务业	59	270.88	59	40.58	156.75	16794.60	13.06	114.13	26486.21	270.88	351.44	29.74%	43278.27	351.42	34.21%
13	科学研究和技术服务业	7	10.72	7	0.38	4.99	436.01	0.45	5.74	795.72	10.72	10.00	-6.74%	863.51	7.01	-32.37%
14	水利、环境和公共设施管理业	2	44.91	2	8.83	35.31	2055.65	0.46	9.60	1130.83	44.91	25.87	-42.39%	3186.48	25.87	-40.40%
15	居民服务、修理和其他服务业	10	36.46	10	0.85	4.55	357.07	2.17	31.91	4655.75	36.46	40.70	11.65%	5005.86	40.65	15.34%
16	教育	3	10.24	3	0.39	6.16	513.03	0.17	4.08	313.08	10.24	6.71	-34.50%	793.16	6.44	-34.94%

续 表

适用税率：1.16%（按应纳税额中不含土地价值计入房产原值征税，保证整体税负保持不变，计税比例为 70% 的情况下的测算税率）													单位：户、万元、万平方米		
序号	行业	本地区总户数（1）	本地区年应纳房土两税总税额（2）	评税户数（3）	土地面积（4）	年应纳土地使用税税额（5）	土地评估值（6）	房产建筑面积（7）	年应纳房产税税额（8）	房产评估值（9）	评税户年应纳房土两税税额（10）	房地产税应纳税额（11）	增减率（12）	剔除土地价值因素		
														房地产评估值（13）	房地产税应纳税额（14）	增减率（15）
17	卫生和社会工作	2	5.33	2	0.17	2.15	185.73	0.27	3.18	626.07	5.33	6.59	23.63%	626.07	5.08	-1.36%
18	文化、体育和娱乐业	4	177.25	4	79.67	160.43	23125.71	0.63	16.82	1398.25	177.25	199.13	12.35%	24300.25	197.32	15.16%
19	公共管理、社会保障和社会组织	1	0.48	1	0.02	0.18	19.85	0.04	0.30	71.00	0.48	0.74	52.92%	90.85	0.74	58.20%
合计		764	17099.57	764	2767.66	12103.73	1260235.46	453.90	4995.83	853895.91	17099.57	17166.75	0.39%	1908826.63	15499.67	-9.36%

注：（1）“适用税率”是指测算时所采用的税率，按 1.16% 税率和整体税负保持不变情况下的税率分别填报本表。

（2）“本地区总户数”为参加模拟评税试点地区房土两税应税纳税人（含个体工商户，不含出租住房的个人）合计数，其中既缴纳房产税又缴纳土地使用税的纳税人按 1 户统计

（3）“本地区年应纳房土两税总税额”为本地区全部房土两税纳税人（含个体工商户，不含出租住房的个人）年应纳房土两税总税额。

（4）房地产税指两税合并后按评税值征收的新房地产税，“房地产税应纳税额”是按照适用税率测算得出的应纳税额。

表 5-9　房地产税模拟评税按经济类型分类汇总表

适用税率：1.16%（按应纳税额中不含土地价值计入房产原值征税，保证整体税负保持不变，计税比例为 70% 的情况下的测算税率）													单位：户、万元、万平方米		
序号	经济类型	本地区总户数（1）	本地区年应纳房土两税总税额（2）	评税户数（3）	土地面积（4）	年应纳土地使用税税额（5）	土地评估值（6）	房产建筑面积（7）	年应纳房产税税额（8）	房产评估值（9）	评税户年应纳房土两税税额（10）	房地产税应纳税额（11）	增减率（12）	剔除土地价值因素		
														房地产评估值（13）	房地产税应纳税额（14）	增减率（15）
1	国有企业	34	4975.25	34	788.46	3212.46	371701.99	126.94	1762.79	235282.41	4975.25	4928.71	-0.94%	420733.63	3416.36	-28.97%
2	集体企业	25	137.05	25	12.80	60.21	6543.90	7.81	76.84	13943.09	137.05	166.35	21.38%	20244.14	164.38	24.08%
3	股份合作企业	1	84.62	1	3.98	16.71	1755.28	5.79	67.91	9010.81	84.62	87.42	3.31%	9867.47	80.12	-2.05%
4	联营企业	2	3.70	2	0.01	0.02	4.12	0.69	3.68	1469.08	3.70	11.96	223.34%	1473.20	11.96	234.49%
5	有限责任公司	293	6506.81	293	1123.92	4652.13	500723.22	168.89	1854.67	333656.71	6506.81	6775.16	4.12%	823734.30	6688.72	6.34%
6	股份有限公司	30	1100.92	30	176.50	828.04	70875.94	31.22	272.88	48983.06	1100.92	973.26	-11.60%	115040.60	934.13	-12.22%
7	私营企业	276	3479.71	276	522.31	2750.55	249977.74	89.05	729.16	169363.86	3479.71	3405.05	-2.15%	417455.54	3389.74	0.77%
8	其他企业	39	368.56	39	94.41	327.50	41801.17	9.17	41.06	16970.44	368.56	477.23	29.48%	58211.71	472.68	32.67%
9	港、澳、台商投资企业	8	238.26	8	27.39	160.77	11231.19	6.66	77.49	9960.20	238.26	172.07	-27.78%	21191.39	172.07	-25.29%
10	外商投资企业	7	190.37	7	17.59	92.82	5364.73	6.91	97.55	13680.17	190.37	154.64	-18.77%	19044.90	154.64	-15.97%
11	个体经济	49	14.32	49	0.29	2.51	256.20	0.78	11.81	1576.09	14.32	14.88	3.91%	1829.75	14.86	7.35%
合计		764	17099.57	764	2767.66	12103.73	1260235.46	453.90	4995.83	853895.91	17099.57	17166.75	0.39%	1908826.63	15499.67	-9.36%

注：（1）"适用税率"是指测算时所采用的税率，按 1.16% 税率和整体税负保持不变情况下的税率分别填报本表。

（2）"本地区总户数"为参加模拟评税试点地区房土两税应税纳税人（含个体工商户，不含出租住房的个人）合计数，其中既缴纳房产税又缴纳土地使用税的纳税人按 1 户统计。

（3）"本地区年应纳房土两税总税额"为本地区全部房土两税纳税人（含个体工商户，不含出租住房的个人）年应纳房土两税总税额。

（4）房地产税指两税合并后按评税值征收的新房地产税，"房地产税应纳税额"是按照适用税率测算得出的应纳税额。

（二）按1.2%税率进行的房地产税模拟评税测算

表5-10 房地产税模拟评税按行业分类汇总表

适用税率：1.2%（按应纳税额中不含土地价值计入房产原值征税，保证整体税负保持不变，计税比例为70%的情况下的测算税率）													单位：户、万元、万平方米		
													剔除土地价值因素		
序号	行业	本地区总户数（1）	本地区年应纳房土两税总税额（2）	评税户数（3）	土地面积（4）	年应纳土地使用税税额（5）	土地评估值（6）	房产建筑面积（7）	年应纳房产税税额（8）	房产评估值（9）	评税户年应纳房土两税税额（10）	房地产税应纳税额（11）	增减率（12）	房地产评估值（13）	房地产税应纳税额（14）	增减率（15）
1	农、林、牧、渔业	3	28.18	3	3.82	13.94	945.09	1.57	14.24	3357.62	28.18	36.14	28.26%	4302.71	36.14	28.26%
2	采矿业	16	487.61	16	103.29	381.19	34470.37	14.57	106.43	18815.94	487.61	447.61	-8.20%	26909.61	226.04	-53.64%
3	制造业	336	8560.73	336	1337.51	5191.70	504604.71	264.57	3369.03	453167.79	8560.73	8045.29	-6.02%	808075.54	6787.83	-20.71%
4	电力、热力、燃气及水生产和供应业	12	1496.91	12	176.57	738.75	44076.68	36.08	758.16	115309.25	1496.91	1338.84	-10.56%	141507.64	1188.66	-20.59%
5	建筑业	31	347.22	31	37.22	170.30	13456.50	14.83	176.91	29293.77	347.22	359.10	3.42%	39413.61	331.07	-4.65%
6	批发和零售业	87	1167.59	87	115.33	466.89	50849.50	44.53	700.70	88922.97	1167.59	1174.09	0.56%	139373.84	1170.74	0.27%
7	交通运输、仓储和邮政业	25	557.42	25	63.61	375.52	31744.13	16.65	181.90	21693.56	557.42	448.88	-19.47%	50932.68	427.83	-23.25%
8	住宿和餐饮业	11	211.15	11	16.44	99.18	8950.15	9.96	111.97	21789.34	211.15	258.21	22.29%	30739.49	258.21	22.29%

续表

适用税率：1.2%（按应纳税额中不含土地价值计入房产原值征税，保证整体税负保持不变，计税比例为70%的情况下的测算税率）													单位：户、万元、万平方米		
													剔除土地价值因素		
序号	行业	本地区总户数（1）	本地区年应纳房土两税总税额（2）	评税户数（3）	土地面积（4）	年应纳土地使用税税额（5）	土地评估值（6）	房产建筑面积（7）	年应纳房产税税额（8）	房产评估值（9）	评税户年应纳房土两税税额（10）	房地产税应纳税额（11）	增减率（12）	房地产评估值（13）	房地产税应纳税额（14）	增减率（15）
9	信息传输、软件和信息技术服务业	6	193.65	6	13.47	76.00	5961.72	7.27	117.65	10746.39	193.65	140.35	-27.53%	15471.53	129.96	-32.89%
10	金融业	8	436.39	8	13.22	99.59	13525.48	17.89	336.80	31878.57	436.39	381.39	-12.60%	42348.25	355.73	-18.48%
11	房地产业	141	4567.79	141	756.31	4120.17	508163.48	8.74	447.63	23443.80	4567.79	4465.50	-2.24%	531607.29	4465.50	-2.24%
12	租赁和商务服务业	59	277.30	59	40.58	156.75	16794.60	13.06	120.55	26486.21	277.30	363.56	31.11%	43278.27	363.54	31.10%
13	科学研究和技术服务业	7	10.72	7	0.38	4.99	436.01	0.45	5.74	795.72	10.72	10.35	-3.53%	863.51	7.25	-32.37%
14	水利、环境和公共设施管理业	2	45.22	2	8.83	35.31	2055.65	0.46	9.92	1130.83	45.22	26.77	-40.81%	3186.48	26.77	-40.81%
15	居民服务、修理和其他服务业	10	37.10	10	0.85	4.55	357.07	2.17	32.56	4655.75	37.10	42.11	13.49%	5005.86	42.05	13.33%
16	教育	3	10.24	3	0.39	6.16	513.03	0.17	4.08	313.08	10.24	6.94	-32.24%	793.16	6.66	-34.94%
17	卫生和社会工作	2	5.33	2	0.17	2.15	185.73	0.27	3.18	626.07	5.33	6.82	27.90%	626.07	5.26	-1.36%

续　表

适用税率：1.2%（按应纳税额中不含土地价值计入房产原值征税，保证整体税负保持不变，计税比例为70%的情况下的测算税率）														单位：户、万元、万平方米		
序号	行业	本地区总户数（1）	本地区年应纳房土两税总税额（2）	评税户数（3）	土地面积（4）	年应纳土地使用税税额（5）	土地评估值（6）	房产建筑面积（7）	年应纳房产税税额（8）	房产评估值（9）	评税户年应纳房土两税税额（10）	房地产税应纳税额（11）	增减率（12）	剔除土地价值因素		
														房地产评估值（13）	房地产税应纳税额（14）	增减率（15）
18	文化、体育和娱乐业	4	177.25	4	79.67	160.43	23125.71	0.63	16.82	1398.25	177.25	206.00	16.22%	24300.25	204.12	15.16%
19	公共管理、社会保障和社会组织	1	0.48	1	0.02	0.18	19.85	0.04	0.30	71.00	0.48	0.76	58.20%	90.85	0.76	58.20%
合计		764	18618.29	764	2767.66	12103.73	1260235.46	453.90	6514.56	853895.91	18618.29	17758.70	-4.62%	1908826.63	16034.14	-13.88%

注：（1）“适用税率”是指测算时所采用的税率，按1.2%税率和整体税负保持不变情况下的税率分别填报本表。

（2）“本地区总户数”为参加模拟评税试点地区房土两税应税纳税人（含个体工商户，不含出租住房的个人）合计数，其中既缴纳房产税又缴纳土地使用税的纳税人按1户统计。

（3）“本地区年应纳房土两税总税额”为本地区全部房土两税纳税人（含个体工商户，不含出租住房的个人）年应纳房土两税总税额。

（4）房地产税指两税合并后按评税值征收的新房地产税，“房地产税应纳税额”是按照适用税率测算得出的应纳税额。

表 5-11　房地产税模拟评税按经济类型分类汇总表

适用税率：1.2%
（按应纳税额中不含土地价值计入房产原值征税，保证整体税负保持不变，计税比例为 70% 的情况下的测算税率）

单位：户、万元、万平方米

序号	经济类型	本地区总户数（1）	本地区年应纳房土两税总税额（2）	评税户数（3）	土地面积（4）	年应纳土地使用税税额（5）	土地评估值（6）	房产建筑面积（7）	年应纳房产税税额（8）	房产评估值（9）	评税户年应纳房土两税税额（10）	房地产税应纳税额（11）	增减率（12）	剔除土地价值因素		
														房地产评估值（13）	房地产税应纳税额（14）	增减率（15）
1	国有企业	34	5391.94	34	788.46	3212.46	371701.99	126.94	2179.48	235282.41	5391.94	5098.67	-5.44%	420733.63	3534.16	-34.45%
2	集体企业	25	147.61	25	12.80	60.21	6543.90	7.81	87.39	13943.09	147.61	172.09	16.59%	20244.14	170.05	15.21%
3	股份合作企业	1	91.23	1	3.98	16.71	1755.28	5.79	74.52	9010.81	91.23	90.44	-0.87%	9867.47	82.89	-9.14%
4	联营企业	2	3.73	2	0.01	0.02	4.12	0.69	3.71	1469.08	3.73	12.37	231.59%	1473.20	12.37	231.59%
5	有限责任公司	293	7091.74	293	1123.92	4652.13	500723.22	168.89	2439.61	333656.71	7091.74	7008.79	-1.17%	823734.30	6919.37	-2.43%
6	股份有限公司	30	1288.11	30	176.50	828.04	70875.94	31.22	460.07	48983.06	1288.11	1006.82	-21.84%	115040.60	966.34	-24.98%
7	私营企业	276	3734.05	276	522.31	2750.55	249977.74	89.05	983.50	169363.86	3734.05	3522.47	-5.67%	417455.54	3506.63	-6.09%
8	其他企业	39	375.05	39	94.41	327.50	41801.17	9.17	47.55	16970.44	375.05	493.68	31.63%	58211.71	488.98	30.38%
9	港、澳、台商投资企业	8	253.35	8	27.39	160.77	11231.19	6.66	92.58	9960.20	253.35	178.01	-29.74%	21191.39	178.01	-29.74%
10	外商投资企业	7	227.11	7	17.59	92.82	5364.73	6.91	134.29	13680.17	227.11	159.98	-29.56%	19044.90	159.98	-29.56%
11	个体经济	49	14.37	49	0.29	2.51	256.20	0.78	11.86	1576.09	14.37	15.39	7.11%	1829.75	15.37	6.96%

续 表

适用税率：1.2%（按应纳税额中不含土地价值计入房产原值征税，保证整体税负保持不变，计税比例为70%的情况下的测算税率）														单位：户、万元、万平方米		
														剔除土地价值因素		
序号	经济类型	本地区总户数（1）	本地区年应纳房土两税总税额（2）	评税户数（3）	土地面积（4）	年应纳土地使用税税额（5）	土地评估值（6）	房产建筑面积（7）	年应纳房产税税额（8）	房产评估值（9）	评税户年应纳房土两税税额（10）	房地产税应纳税额（11）	增减率（12）	房地产评估值（13）	房地产税应纳税额（14）	增减率（15）
合计		764	18618.29	764	2767.66	12103.73	1260235.46	453.90	6514.56	853895.91	18618.29	17758.70	-4.62%	1908826.63	16034.14	-13.88%

注：（1）“适用税率”是指测算时所采用的税率，按1.2%税率和整体税负保持不变情况下的税率分别填报本表。

（2）“本地区总户数”为参加模拟评税试点地区房土两税应税纳税人（含个体工商户，不含出租住房的个人）合计数，其中既缴纳房产税又缴纳土地使用税的纳税人按1户统计。

（3）“本地区年应纳房土两税总税额”为本地区全部房土两税纳税人（含个体工商户，不含出租住房的个人）年应纳房土两税总税额。

（4）房地产税指两税合并后按评税值征收的新房地产税，“房地产税应纳税额”是按照适用税率测算得出的应纳税额。

（三）按1.26%税率进行的房地产税模拟评税测算

表5-12 房地产税模拟评税按行业分类汇总表

适用税率：1.26%（按应纳税额中含土地价值计入房产原值征税，保证整体税负保持不变，计税比例为70%的情况下的测算税率）														单位：户、万元、万平方米		
序号	行业	本地区总户数（1）	本地区年应纳房土两税总税额（2）	评税户数（3）	土地面积（4）	年应纳土地使用税税额（5）	土地评估值（6）	房产建筑面积（7）	年应纳房产税税额（8）	房产评估值（9）	评税户年应纳房土两税税额（10）	房地产税应纳税额（11）	增减率（12）	剔除土地价值因素		
														房地产评估值（13）	房地产税应纳税额（14）	增减率（15）
1	农、林、牧、渔业	3	28.18	3	3.82	13.94	945.09	1.57	14.24	3357.62	28.18	37.95	34.67%	4302.71	37.95	34.67%
2	采矿业	16	487.61	16	103.29	381.19	34470.37	14.57	106.43	18815.94	487.61	469.99	-3.62%	26909.61	237.34	-51.33%
3	制造业	336	8560.73	336	1337.51	5191.70	504604.71	264.57	3369.03	453167.79	8560.73	8447.55	-1.32%	808075.54	7127.23	-16.75%
4	电力、热力、燃气及水生产和供应业	12	1496.91	12	176.57	738.75	44076.68	36.08	758.16	115309.25	1496.91	1405.78	-6.09%	141507.64	1248.10	-16.62%
5	建筑业	31	347.22	31	37.22	170.30	13456.50	14.83	176.91	29293.77	347.22	377.06	8.59%	39413.61	347.63	0.12%
6	批发和零售业	87	1167.59	87	115.33	466.89	50849.50	44.53	700.70	88922.97	1167.59	1232.79	5.58%	139373.84	1229.28	5.28%
7	交通运输、仓储和邮政业	25	557.42	25	63.61	375.52	31744.13	16.65	181.90	21693.56	557.42	471.32	-15.45%	50932.68	449.23	-19.41%
8	住宿和餐饮业	11	211.15	11	16.44	99.18	8950.15	9.96	111.97	21789.34	211.15	271.12	28.40%	30739.49	271.12	28.40%

续　表

适用税率：1.26%（按应纳税额中含土地价值计入房产原值征税，保证整体税负保持不变，计税比例为70%的情况下的测算税率）													单位：户、万元、万平方米		
序号	行业	本地区总户数（1）	本地区年应纳房土两税总税额（2）	评税户数（3）	土地面积（4）	年应纳土地使用税税额（5）	土地评估值（6）	房产建筑面积（7）	年应纳房产税税额（8）	房产评估值（9）	评税户年应纳房土两税税额（10）	房地产税应纳税额（11）	增减率（12）	剔除土地价值因素		
														房地产评估值（13）	房地产税应纳税额（14）	增减率（15）
9	信息传输、软件和信息技术服务业	6	193.65	6	13.47	76.00	5961.72	7.27	117.65	10746.39	193.65	147.37	-23.90%	15471.53	136.46	-29.53%
10	金融业	8	436.39	8	13.22	99.59	13525.48	17.89	336.80	31878.57	436.39	400.46	-8.23%	42348.25	373.51	-14.41%
11	房地产业	141	4567.79	141	756.31	4120.17	508163.48	8.74	447.63	23443.80	4567.79	4688.78	2.65%	531607.29	4688.78	2.65%
12	租赁和商务服务业	59	277.30	59	40.58	156.75	16794.60	13.06	120.55	26486.21	277.30	381.74	37.66%	43278.27	381.71	37.66%
13	科学研究和技术服务业	7	10.72	7	0.38	4.99	436.01	0.45	5.74	795.72	10.72	10.86	1.30%	863.51	7.62	-28.98%
14	水利、环境和公共设施管理业	2	45.22	2	8.83	35.31	2055.65	0.46	9.92	1130.83	45.22	28.10	-37.85%	3186.48	28.10	-37.85%
15	居民服务、修理和其他服务业	10	37.10	10	0.85	4.55	357.07	2.17	32.56	4655.75	37.10	44.21	19.16%	5005.86	44.15	18.99%
16	教育	3	10.24	3	0.39	6.16	513.03	0.17	4.08	313.08	10.24	7.29	-28.85%	793.16	7.00	-31.69%
17	卫生和社会工作	2	5.33	2	0.17	2.15	185.73	0.27	3.18	626.07	5.33	7.16	34.29%	626.07	5.52	3.57%

续 表

适用税率：1.26%（按应纳税额中含土地价值计入房产原值征税，保证整体税负保持不变，计税比例为 70% 的情况下的测算税率）													单位：户、万元、万平方米		
序号	行业	本地区总户数（1）	本地区年应纳房土两税总税额（2）	评税户数（3）	土地面积（4）	年应纳土地使用税税额（5）	土地评估值（6）	房产建筑面积（7）	年应纳房产税税额（8）	房产评估值（9）	评税户年应纳房土两税税额（10）	房地产税应纳税额（11）	增减率（12）	剔除土地价值因素		
														房地产评估值（13）	房地产税应纳税额（14）	增减率（15）
18	文化、体育和娱乐业	4	177.25	4	79.67	160.43	23125.71	0.63	16.82	1398.25	177.25	216.30	22.03%	24300.25	214.33	20.92%
19	公共管理、社会保障和社会组织	1	0.48	1	0.02	0.18	19.85	0.04	0.30	71.00	0.48	0.80	66.11%	90.85	0.80	66.11%
合计		764	18618.29	764	2767.66	12103.73	1260235.46	453.90	6514.56	853895.91	18618.29	18646.64	0.15%	1908826.63	16835.85	-9.57%

注：（1）“适用税率”是指测算时所采用的税率，按 1.26% 税率和整体税负保持不变情况下的税率分别填报本表。

（2）“本地区总户数”为参加模拟评税试点地区房土两税应税纳税人（含个体工商户，不含出租住房的个人）合计数，其中既缴纳房产税又缴纳土地使用税的纳税人按 1 户统计。

（3）“本地区年应纳房土两税总税额”为本地区全部房土两税纳税人（含个体工商户，不含出租住房的个人）年应纳房土两税总税额。

（4）房地产税指两税合并后按评税值征收的新房地产税，“房地产税应纳税额”是按照适用税率测算得出的应纳税额。

表 5-13 房地产税模拟评税按经济类型分类汇总表

适用税率：1.26%
（按应纳税额中含土地价值计入房产原值征税，保证整体税负保持不变，计税比例为 70% 的情况下的测算税率）

单位：户、万元、万平方米

序号	经济类型	本地区总户数（1）	本地区年纳两税应房税土总额（2）	评税户数（3）	土地面积（4）	年应纳土地使用税税额（5）	土地评估值（6）	房产建筑面积（7）	年应纳房产税税额（8）	房产评估值（9）	评税户年应纳房土两税税额（10）	房地产税应纳税额（11）	增减率（12）	剔除土地价值因素		
														房地产评估值（13）	房地产税应纳税额（14）	增减率（15）
1	国有企业	34	5391.94	34	788.46	3212.46	371701.99	126.94	2179.48	235282.41	5391.94	5353.60	-0.71%	420733.63	3710.87	-31.18%
2	集体企业	25	147.61	25	12.80	60.21	6543.90	7.81	87.39	13943.09	147.61	180.70	22.42%	20244.14	178.55	20.97%
3	股份合作企业	1	91.23	1	3.98	16.71	1755.28	5.79	74.52	9010.81	91.23	94.96	4.09%	9867.47	87.03	-4.60%
4	联营企业	2	3.73	2	0.01	0.02	4.12	0.69	3.71	1469.08	3.73	12.99	248.17%	1473.20	12.99	248.17%
5	有限责任公司	293	7091.74	293	1123.92	4652.13	500723.22	168.89	2439.61	333656.71	7091.74	7359.23	3.77%	823734.30	7265.34	2.45%
6	股份有限公司	30	1288.11	30	176.50	828.04	70875.94	31.22	460.07	48983.06	1288.11	1057.16	-17.93%	115040.60	1014.66	-21.23%
7	私营企业	276	3734.05	276	522.31	2750.55	249977.74	89.05	983.50	169363.86	3734.05	3698.59	-0.95%	417455.54	3681.96	-1.40%
8	其他企业	39	375.05	39	94.41	327.50	41801.17	9.17	47.55	16970.44	375.05	518.37	38.21%	58211.71	513.43	36.90%
9	港、澳、台商投资企业	8	253.35	8	27.39	160.77	11231.19	6.66	92.58	9960.20	253.35	186.91	-26.23%	21191.39	186.91	-26.23%
10	外商投资企业	7	227.11	7	17.59	92.82	5364.73	6.91	134.29	13680.17	227.11	167.98	-26.04%	19044.90	167.98	-26.04%

续 表

适用税率：1.26%（按应纳税额中含土地价值计入房产原值征税，保证整体税负保持不变，计税比例为 70% 的情况下的测算税率）																单位：户、万元、万平方米		
序号	经济类型	本地区总户数（1）	本地区年应纳房土两税总税额（2）	评税户数（3）	土地面积（4）	年应纳土地使用税税额（5）	土地评估值（6）	房产建筑面积（7）	年应纳房产税税额（8）	房产评估值（9）	评税户年应纳房土两税税额（10）	房地产税应纳税额（11）	增减率（12）	剔除土地价值因素		
														房地产评估值（13）	房地产税应纳税额（14）	增减率（15）
11	个体经济	49	14.37	49	0.29	2.51	256.20	0.78	11.86	1576.09	14.37	16.16	12.47%	1829.75	16.14	12.31%
合计		764	18618.29	764	2767.66	12103.73	1260235.46	453.90	6514.56	853895.91	18618.29	18646.64	0.15%	1908826.63	16835.85	-9.57%

注：（1）“适用税率”是指测算时所采用的税率，按 1.26% 税率和整体税负保持不变情况下的税率分别填报本表。

（2）“本地区总户数”为参加模拟评税试点地区房土两税应税纳税人（含个体工商户，不含出租住房的个人）合计数，其中既缴纳房产税又缴纳土地使用税的纳税人按 1 户统计。

（3）“本地区年应纳房土两税总税额”为本地区全部房土两税纳税人（含个体工商户，不含出租住房的个人）年应纳房土两税总税额。

（4）房地产税指两税合并后按评税值征收的新房地产税，“房地产税应纳税额”是按照适用税率测算得出的应纳税额。

（四）模拟评税测算分析

1. 影响不同行业、不同经济类型、不同土地类型以及单个纳税人税负增减的主要原因

通过对单个纳税人不同行业、不同经济类型、不同土地类型等情况的综合分析测算可以看出，纳税人总体税负变化是由单个纳税人所处行业、房产类型等不同造成的税负增减变化。纳税人税负增减变化的因素主要有以下几点。

纳税人税负增加的原因：

（1）主城区及副城区商业用地发生的自然升值，相对于原有土地使用税等级标准税额较低，交易案例中升值空间较大，得出评估值较大，导致税负上升；

（2）土地基准地价等级较高，而土地使用税税额标准适用等级较低，形成评估值较大，引起税负上升；

（3）商业用房中尤其是出租商场等房屋利用效率低，租金收入低，按现行两税征收应纳税额低，而商业房地产评估值较高，相对出现税负增长；

（4）单个纳税人只征收房产税，不征收或由出租方缴纳土地使用税，而房产原值与评估值之间形成上升反差；

（5）城乡接合部城区规划、区域周边环境发生重大变化，导致土地交易案例形成的土地基准价较高，而原确定的土地使用税标准偏低，形成税负上升结果；

（6）农村商业用房房屋原值低，相对的评估值较高，形成税负上升结果；

（7）大地小房、有地无房户土地使用税等级相对偏低，而基准地价较高，形成税负上升结果。

纳税人税负降低的原因：

（1）大地小房、有地无房户土地使用税等级相对偏高，而基准地价较低，形成税负下降结果；

（2）个别户房地产建设周期长，期间费用较高，导致房屋原值高，评估值相对低，形成税负下降趋势；

（3）土地使用税税额标准适用等级较高，而土地基准地价等级较低，形成税负下降差异；

（4）房产使用年限长，折旧较高，导致房产评估值低，形成税负下降差异。

2. 分行业、分经济类型等测算具体情况分析

（1）从行业调查情况看。参与本次模拟测试及测算的 764 户房地产税收入与已纳两税比较，税负增加的行业有 11 个，税负降低的行业有 8 个，行业税负增减率基本维持在 ±30% 以内，但税负增加超过 30% 涉及的行业有 4 个，分别是农、林、牧、渔业；租赁

和商务服务业，卫生和社会工作，公共管理、社会保障和社会组织，税负减少超过30%涉及的行业有1个，是水利、环境和公共设施管理业。税负上升或下降较大主要原因也是影响不同行业、不同经济类型、不同土地类型以及单个纳税人税负增减的主要原因。

（2）从经济类型调查情况看。参与本次模拟测试及测算的764户房地产税收入与已纳两税比较，税负增加的经济类型有6个，税负降低的经济类型有5个，经济类型税负增减率基本维持在 ±30%以内，但税负增加超过30%涉及的经济类型有2种，分别是联营企业和其他企业，除因参与测算联营企业仅两户偶然数据影响大外，税负上升较大主要原因也是影响不同行业、不同经济类型、不同土地类型以及单个纳税人税负增加的主要原因。

（3）从不同土地类型调查情况看。参与本次模拟测试及测算的764户，除商业类型房地产税负增长加大外，其他类型税负增减率均控制在 ±5%，属正常范围。商业类型房地产纳税人税负上升较大主要原因也是影响不同行业、不同经济类型、不同土地类型以及单个纳税人税负增加的主要原因。

（4）按以上1.16%、1.2%、1.26%三档不同税率，按应纳税额中含土地价值计入房产原值征税，保证整体税负保持不变，计税比例为70%的情况下的测算税率测算的改革后的房地产税比改革前的房地两税税收的增减率分别为0.39%、–4.62%、0.15%；而剔除划拨用地等不计入房产原值的土地价值因素的房地产税增减率分别为–9.36%、–13.88%、–9.57%。可见，剔除土地价值因素对房地产税的影响较大。同时，在设定房地产税率时，并非越高越好。房地产税的改革要兼顾地方财力和纳税人负担，考虑到我国的特殊国情，税率过高会增加改革阻力以及单个纳税人税负变化过高部分需减免或税负降低过大需补征，使得改革后的税收规模不一定能得到保证等因素，我国房地产税率初期设定宜低不宜高。

由以上测算结果和分析可以看出，新型房地产税的开征可以实现在保持原有税负水平基本不变基础上，从交易流转环节课税为主向保有环节课税为主转变的政策目标，同时，在税收收入上保证了房地产税作为地方主体税种的地位，并发挥了对经济的重要调控作用。

第三节　新型地方税体系的政策评估

在“营改增”背景下，零售税和房地产税将构成我国新型地方税体系主体税种的格局。

一、零售税的政策评估

由于“营改增”对地方财力造成较大冲击，零售税确定为5%的税率为宜。地方进行零售环节销售税改革是完全可行的，不仅批发零售业税负得到减轻，在不影响全国整个行业减轻税负的经济转型改革的大前提下，还能弥补“营改增”后地方财力的大部分减少额。

零售税的开征能够缩小地区间财力差距。我国当前中央政府对地方的税收返还主要是地方政府的增值税、消费税和所得税。发达地区的经济发展水平较高，税收规模也就较大，因此能够取得较多的税收返还。显然，这种制度设计必然导致发达地区的税收返还更多，而欠发达地区的税收返还较少，人为加剧了“马太效应”，不仅没有起到应有的调节地区间财政收入差距、促进公共服务均等化的作用，反而加剧了发达地区与落后地区的收入差距。我国各地区间的工业发展差距远大于商业发展的差距，从而由商业提供税源的零售税对地区间差异的影响远小于由工业提供税源的增值税。地方主体税种从增值税向零售税的转移将减少这种税基的差异，也必将带来地区间财力差异的降低，起到调节地区间财政收入差距、促进公共服务均等化的作用。

此外，将零售税设定为地方主体税种，其税源来自于辖区内居民的消费。这一设计方案将地方政府的核心利益与居民消费绑定在一起，辖区居民消费额的高低将直接影响地方政府的钱袋子的厚薄，地区间的横向竞争也必然转向促进本辖区内消费的发展，而非当前的推动工业投资的竞争。这一举措必将引导地方政府转变思路，从一味推动工业建设投资转向完善消费基础设施、促进居民消费需求和能力建设的政策目标上来，从更多维护厂商利益转向更多维护消费者利益上来。

因此，将零售税作为地方主体税种，有利于扩大内需，有利于增加消费占国民生产总值的份额，有利于经济的长期可持续发展，是一个能够兼顾公平和效率的税制改革方案。

二、房地产税的政策评估

在房地产税方面，设定合理的税率及税率结构是关键。按照前文的分析，从税收公平出发，我国房地产税的适用税率按照土地面积和地理位置，宜采用统一比例税率或差别比例税率。

就国际经验而言，不同国家和地区的房地产税率水平差异巨大，从1%以下到10%左右不等，即便是同一国家，不同地区之间的税率水平也往往存在很大差异。如2009年美国各州房产税的平均有效税率为1.46%，中位数税率为1.40%，其中最低的为 0.34％（夏威夷州），最高的则为 2.75％（印第安纳州）（United States Census Bureau，2013）。韩国则实行 0.5%—2% 的超额累进税率（Ministry of Strategy and Finance of Korea，2012）。

较高的房地产税率不仅会遇到较大的改革阻力，而且对提升地方财力效果不大。考虑到我国国情，改革初期不宜选择过高税率，合适的税率区间应该在 1% 左右，最高边际税率不应超过 2%。另外，有一部分住宅是在政府的高地价和高房价时购买的，其中包含了很大比例的土地出让金，因此应当适当地减免房地产税。

从国际经验来看，征收房地产税是必然趋势，但考虑到我国的现实国情以及上海和重庆对个人住房试点征收房地产税的实践，我国房地产税的开征会有比较大的社会阻力。党的十八届三中全会对房地产市场的调控着力点放在建立确保房地产市场稳定发展的调控长效机制上，因此房地产税短期内还难以担当地方主体税种的重任，但长期来看，随着税制的不断完善，房地产税成为我国地方税主体税种将是一种必然趋势。

房地产税改革试点工作是一项系统工程，需要建立政府领导，税务主导，财政、房产、国土、规划、住建、邮政等多部门参与、密切配合的工作机制，同时必须坚持“顶层设计、分步实施”的理念，循序渐进地推进改革试点工作，要抓住改革过程中的关键问题逐一解决。事关房地产税制改革成败的核心问题有：一是数据质量，包括信息标准化、数据库的建立和更新机制；二是评估机制，包括评估机构的法律地位，评估技术规范的确立，评估软件的开发等；三是征管能力，包括房地产税税收制度的设计、具体征收管理办法和实施细则、争议处理规程、流程等；四是配套法律法规的修订，需增补和明确相关评估机制的确立的条款；

当前，要推进整合两税的房地产税制改革试点工作，就必须尽快出台相关法律法规，明确税务部门进行房地产税税基评估的法律地位，在试点阶段或者在改革初期的一定年限内，成立由政府领导，税务主导，房产、国土、规划、住建、邮政等各部门参与的房地产税税基评估及争议处理机制，待时机成熟时可考虑逐步将房地产税税基评估工作逐步独立出来，单独设立评估机构，让税务管理部门从烦琐的评估工作中走出来，以便有更多的精力进行纳税服务和税收征管工作。

第六章　完善我国地方税体系的配套措施

完善地方税体系是新一轮税制改革的重要内容。前文的分析表明，构建以零售税和房地产税为主体税种，以契税、车船税、资源税、环保税等为辅助税种的地方税体系能够弥补“营改增”之后地方财力出现的缺口，但税制建设的完善是一项系统工程，研究地方税体系还应研究与其相协调的法制、行政、经济体系和范畴。具体而言，就是要按照“税收法定”原则加强税收法治建设，提高地方税务机关的依法治税能力；明确中央和地方政府的事权划分、税收立法权划分；建立规范的财政转移支付制度和税收征管机制等，形成一套相互协调、规范、完整的综合体系。

第一节　推进税收法治化建设

税收体现的是国家的意志，其强制性、无偿性和固定性的特点表明税收必须以法律的形式确立，通过税收的法治化促进税收管理工作的规范，维护纳税人权益，推进国家治理的现代化。

一、落实税收法定原则

法治体系是国家治理体系的核心要素和骨干工程，是国家治理体系和国家治理能力的重要依托。税收法治建设是一个国家法治体系不可或缺的重要组成部分。

税收与法治具有天然的紧密联系。税收的本质是对国民财产的剥夺，是推进现代文明所必须付出的代价。实现国家治理体系和治理能力现代化，就是要推进税收法治化。

党的十八届三中全会明确提出“落实税收法定原则”，为我国推进依法治国和推动国家治理现代化做出了重要的战略指示和部署。

税收法定原则是制定国家和政府税收法律的基本原则，如果没有相应的法律作前提，国家则不能征税，公民也没有纳税的义务。税收法定原则对征税主体和纳税主体是双重约束：作为征税主体的国家和政府必须依照法律的规定征税，作为纳税主体的纳税人必须依照法律的规定缴纳税款。在税收法定原则下，人民群众不再是依法治税的被动主体，而是权利主体和最终归宿，依法治税使国家治理从权力本位走向权利本位，从治民之法走向治权之法。

依法治国，依法行政，法治税收，必须坚持和落实税收法定原则，自觉用法律法规来规范税收执法、管理和服务行为，奉行有法可依、有法必依、执法必严、违法必究的原则，一切税务事宜均依法办理，不得有任何超越法律的行为。

推进税收法治建设，落实税收法定原则，是从根本上推进科学立法、民主立法，提高立法质量的根本途径。

推进法治，是政治体制改革的重要内容，也是一场深刻的体制变革，涉及权力和利益在不同利益集团之间的调整与再配置。税收法定原则是现代国家民主和法治理念的体现，彰显了国家和政府在税收上对纳税人基本权益的尊重和保障。

税收法定原则的内涵在于公民的参与，本质上就是人民当家做主，也就是由过去单方面的政府主导转变为多点主导，强调民主性，即政府征税的权力不能由其单方面决定，而必须由政府和人民共同来决定，政府征税必须得到人民的同意，由人民的代议机关制定税收法律，政府才能征税。税收权力归于人民，由人民选出的代表按照立法程序制定税收法律。从形式上说，税收表现为人民将自身创造的财富的一部分无偿转让给国家，人民因这一转让而获得要求国家提供公共服务的权利。

税收法定原则是一项历史悠久、国际通行的税收基本法律原则，也是体现国家治理能力现代化的一项基本准则。税收作为和人民财产权直接相关的重大制度，本应由国家最高立法机关制定。我国现行《立法法》也在法律保留条款中特别提到，“税收的基本制度”只能由全国人大及其常委会依照立法程序制定法律予以规定，但其仅就“基本制度”而言，也为其他有立法权限的部门，尤其是行政部门，行使立税权留下了制度缺口。

行政立税权过于膨胀带来多方面不良影响。首先，直接导致我国税收法律体系的整体效力级次不高，使税制丧失稳定性、系统性、统一性；其次，行政机关既当立法者又当执法者，即使合理立税，也稀释了权威性和公信力；再者，大规模且长时间的授权立法，会导致行政与立法界限的模糊，加大了行政权扩张的可能性，以致损害了法律的权威。

要解决当前我国税收领域税收法治化层次低的问题，应建议作为立法机关的全国人大尽快修订现行税收立法授权，可以授权国务院制订一些行政法规，但是授权是有条件、有期限的，是有监督的。新设立的税种，其主法直接由全国人大立法，税法实施细则可以授权国务院制定；规定税收政策和税制的重大调整，应向全国人大报告。

我国当前的立法体制里，地方没有税种的立法权力，这对调动地方的积极性是一个不利因素。要调动地方的积极性，可以将地方税的税种、税率、计税依据等授予地方。地方人大是国家权力机关的重要组成部分，税收法定不能把地方人大这个立法主体排除掉。要解决地方的公众服务，这个立法应该授予给地方人民，由地方人大行使相应的权力。

二、提高税务机关依法治税能力

依法治税包括三方面的内容：征税人（税务机关）依法征税、纳税人依法纳税、用税人（各级政府）依法用税。

当前，我国税收法律环境尚不完善，“纳税光荣、逃税可耻”的观念还没有形成广泛的社会共识，一些纳税人不遵从税收法律、法规，能逃税则逃税，能漏税则漏税，故意做假账、白条入账，隐瞒销售收入虚增成本，虚开专票，出口骗税等违法犯罪现象屡禁不绝。一些纳税人通过拉关系、吃请、送礼等方式行贿税务管理人员，偷逃税款。此外，有些税务人员法律意识淡薄，不认真学法，有法不依，执法不严。有些人不适应新常态的思维方式，执法当中自由裁量权空间较大，还存在随意执法、关系执法、人情执法，造成执法不公现象。

为应对社会和时代发展的要求，税务机关尤其是基层税务干部，需要不断提高自身依法治税能力，具体来说，应该做到以下几个方面：

（一）自觉维护宪法和法律的权威，做到征纳双方法律面前权利义务地位平等

要倡导契约精神，将税收法治原则作为税收行为先导，在税收征管的各个环节始终做到依照国家法律法规的精神处理涉税事务。一方面保证政府的税收应收尽收，另一方面也要注意保护纳税人的合法权益，做到征纳双方在法律面前权利义务地位的平等，不得侵害纳税人的合法权益，在税收征管实践中不断提升税务干部的依法治税能力和水平。

（二）坚持严格、规范、公正、文明执法

作为国家征税权力的直接执行者，税务干部应该树立税收法定、程序公正、合法行政、合理行政、权责一致、法律面前人人平等等税收法治理念。在日常的税收征管工作和涉税事务处理过程中一定要秉承严格、规范、公正、文明执法的理念，依法行

政，带头遵法守法，坚决防止对法律的滥用，建立涉及税收权力运行所有环节的制度规范。加大税收执法督察力度，全面落实税收执法责任制，规范执法行为和行政处罚裁量权。

（三）推行税务重大决策和重大执法行为的合法性审查制度

要完善税收政策执行情况的反馈制度、基层联系点制度。对于税收征管的质量、税收政策的执行以及纳税服务、税务稽查等情况，进行经常性的全面巡视和督察，跟踪税收执法的绩效。要建立健全奖惩并举的考评和问责机制，进一步完善税收执法责任制，加大对执法过错行为的惩戒力度。对于在税收执法过程中的违法行为，尤其是玩忽职守、行政不作为、乱作为以及其他各种侵害纳税人权益、破坏税收公平正义的行为，要依法坚决追究当事人及相关领导的责任。

（四）提高基层税务干部依法治税认知力

依法治税的认知力以基层税务干部知识结构的合理性和法律知识的完备性作为基础，直接关系到依法治税的效果以及行政效率的提高。要提高税务干部对依法治税思想进行全面把握和对税收法律制度基本原理、准则和内容进行学习和理解的能力。依法治税认知力不仅要求税务干部拥有较强的法治意识、正确的法治理念，还要求税务干部拥有在此基础上建立的相对完备的法律知识体系。

依据契约理论，法律是政府和公民订立的契约，因此法律既对公民有约束力，也对政府有约束力，双方在权利和义务上是对等的。因此，税务人员作为政府的代理人，在执法过程中，其执法理念应当由“权力本位”转换为“权利本位”，由“管理”思维转换为“法治”思维，树立“法无授权不可为”的基本精神，让税收法治理念成为税务人员的一种信仰，扎根在思想深处，成为征纳双方共同的内心认同。

第二节　赋予省级政府适当的税收立法权

根据财政分权理论，中央政府授予地方政府一定的税收权限，使基层地方政府拥有合适与合意的财政自主决策权，在选择与本辖区特点相匹配的政策类型上有较大的自由度，从而使地方政府能够更好地为本辖区居民提供公共服务。同时，由于地方政府比之中央政府更接近当地居民，因而对本辖区居民在公共产品的需求方面的偏好有更为准确的认识，能够对所提供的公共产品进行更有效率的配置，并纠正中央政府在提供公共产品过程中的错误与偏差。因此，地方政府享受税权不仅是一种必要，也是地方税存在的理论基础。

当前，我国税收立法权高度集中于中央，地方在税收立法权方面受到很大的限制。这种高度集中的税收管理体制有防止地方滥用权力的考量，但缺乏发挥税收调节功能的针对性与灵活性，不利于调动地方的积极性，影响了地方因地制宜提高公共服务的能力和效果，已越来越难以满足各地自然、经济、社会、文化发展的现实需求。随着税收法治化、预算民主化的推进，在维护税法统一的原则下，逐步改变集中立法形式，赋予省级政府适度的地方税收立法权，成为适应国情的现实选择。

考虑到当前我国地方间经济发展水平极不平衡，税权的下放不宜过于分散，综合各方因素的考量，将税收立法权适度下放至省级政府（含省级权力机关）层面，成为当下税权适当下移的必然选择。需要注意的是，在赋予地方相对独立税权的同时，也需要在制度设计上确保对地方税权的监督与约束，防止税权滥用。

广义的税收立法权通常包含三个层面，第一个层面主要是涉及税法制定、修改、废止和税种的开征、停征等“主立法权”；第二个层面则是对税收法律法规进行系统性落实和解释的“次立法权”；而第三个层面就是制定具体的实施细则以及针对各税种中税目的增减、税率的调整、税收的加征和减免等“辅立法权”。因此，赋予省级政府的税收立法权，应当是在针对各类不同税种的情况下，将上述三个层面的立法权在中央与省级政府间进行合理划分。[1]因此，当前改革的思路应是在现有的基础上适当逐步扩大授权范围。

一、中央税与共享税仍由中央集中立法

中央税及中央地方共享税构成中央政府的主要税收收入，为体现中央总揽全局和对宏观经济进行调控的职能和要求，中央税与共享税税法的制定、修改、开征、停征等立法权力，只能由中央立法机关即全国人民代表大会及其常务委员会通过法律形式予以确定，并且由国务院负责对这些税法进行系统性落实和解释。在涉及具体的实施细则以及税目、税率的调整和税收的征免上也理应由国家税务主管部门进行统一安排。中央税与共享税由中央集中立法能够保证中央的财力要求，维护中央权威，确保中央的宏观调控能力。

二、对全国统一实行的地方主体税种进行适度分权

由于地方情况各异，经济状况极不均衡，在制定全国统一实行的地方税主体税种

[1] 白彦峰.单一制国家赋予地方税收立法权的可行性分析——基于我国国情的探讨[J].行政论坛，2008（5）.

法律时，应留下一定的弹性空间，以便地方政府可以根据本地实际情况在中央统一规定的幅度范围内进行调整。

根据《立法法》的立法精神和第六十三条以及第七十三条的相关规定，省级人大及其常委会在不违背国家税法统一、不影响中央财政收入、不妨碍社会主义统一市场的前提下，可以根据本地经济发展的具体情况和实际需要，开征全国性税种以外的地方性税种。同时，经省级人大及其常委会授权，省级人民政府可以制定本地区税收法规的实施细则、对地方性税收法规进行解释、调整税目税率和进行加征、减免以及制定地方性的税收征收办法。

鉴于此，中央在设立新的地方主体税种时，除了税收立法权的第一层面和第二层面的“主立法权”以及“次立法权”仍由全国人大及其常委会和国务院集中行使外，应当赋予省级政府对所设税种在税目和税率方面一定的调整及加征、减免等“辅助立法权”的权力，以便省级地方政府在中央统一规定的税法的幅度范围内结合各地经济发展，因地制宜地自行确定适合本地区的地方性主体税种的税目、税率及税收优惠幅度。

三、允许省级政府独立开征部分独具地方特色的地方税种

税收立法权从本质上来讲是一种资源配置决策的权利。从统筹地方区域经济发展的角度来看，由于省级政府能够更快地针对社会和个人的需求变化做出迅速而又准确的差别性反应，特别是在地区经济信息收集和掌握中占有明显优势，因而在地方经济资源、经济发展水平各不相同的情况下，由地方通过税收立法优化区域资源配置，可以更好地发挥其对配置地方资源的重要经济杠杆作用，从而尽量减少中央政府在信息不对称情况下制定地方性税法所导致的效率损失。因此，由省级政府行使适当的税收立法权更能体现资源配置的效率性原则。

总体而言，在经过中央批准或备案后，税收立法权的“主、次、辅”三个层面完全由地方独立拥有。具体来讲，即由省级人大及其常委会拥有地方特色税种的开、停、废、改等核心权力；由省级人民政府拥有税法解释及督促落实的相关权力；而在税目、税率以及税款的减免等技术层面上，赋予省级人民政府的具体税务部门相应的权力。当然，无论地方拥有何种的税收立法权，其前提仍然是在中央统一管辖范围之内。对于会影响到整体经济发展的地方税种，中央仍有权予以废止，并且中央也可在全国范围内停征此类税种，根据立法的不重复原则，地方所制定之税法将相应地自动废止。

第三节　进一步明确中央与地方的事权划分

中央与地方政府间事权的合理划分是规范政府间财政关系的基础。只有在清晰界定各级政府事权的基础上，进行财权、税权的合理划分，明确各自职责，才能保证各级政府提供公共产品的稳定和高效，形成科学、完整的地方税体系。

中央与地方的事权划分及其关系调整，已经不仅仅是财税体制改革的部门问题，而是事关国家治理体系的全局问题。与世界上的其他经济大国相比，中国中央政府所承担的直接支出比重明显偏低，地方政府财权与事权的不匹配是目前中国财税体制面临的最大问题。1994 年分税制改革后，财权逐步上移、事权逐步下移成为我国政府间财政关系的一个明显特点，但是，与此同时导致的一个严重后果就是地方的财权不断被压缩而支出责任却不断增加。当地方政府面对自上而下不断累加的事权任务和指标，而相应的财力又不足以得到保证时，难免会通过其他渠道或方式来筹集资金填补缺口以解决财力不足的问题。这也正是当下各地“土地财政”和地方融资平台盛行以及一些地区性的收费及各类名目基金难以杜绝的根源所在。这些法外行为的普遍存在偏离了现代公共财政的发展轨道，既严重削弱了中央对经济调控的影响力，也为地区经济的可持续发展埋下了隐患。

目前，我国宪法对于事权划分，除少数列举事项外，主要以政府各级部门的隶属关系作为中央和地方事权划分的原则，缺失按政府职责的性质划分事权的原则表述。除对外事务、国防建设等划归为中央事权外，其他事权在我国各级政府中并无明显划分和区别，地方各级政府的事权基本上是中央政府事权的延伸，这种事权划分格局导致的直接后果和产生的主要问题就是中央与地方事权重叠，越位、缺位、错位并存。问题产生的主要原因在于我国宪法没有对如何划分中央与地方政府职责提出实体性原则。从法律层面讲，在中央与地方事权划分方面，缺乏法律规范界定的清晰边界，而是基于非法治化的行政性放权和授权机制。同时也没有对政府间纵向权力分配之间的边界进行清晰界定，在法律执行过程中存在着诸多被非法律因素消减的地带，以致形成各级地方政府的财力与事权严重不对称，主动权一直掌握在中央手里，地方政府处于被动接受的位置，基于一时一地政策的事权关系调整带来的只能是不确定性和社会风险。

事权和支出责任划分是一个大问题，是关系到国家宏观治理的问题，需要走法治化的道路。世界上绝大部分国家对事权和支出责任的划分主要以立法的形式来解决。

通过立法程序，以公开、透明、民主参与取代行政决策中的个别博弈、讨价还价，以法律的权威性保证政府间事权划分的稳定性和连续性。

未来，我国政府间事权划分应注重从以下几个方面进行改革：

一、在宪法中明确各级政府事权划分的基本原则

市场经济的本质是法治经济，现代国家治理要求科学界定国家公共权力边界，并由此确定中央和地方各级政府的职能范围和事权界限，实现国家公共权力的合理配置和规范运行。

法律是规范政府行为的规范性文件，要通过宪法的修改明确提出各级政府间事权划分的基本原则，对中央和地方各级政府基本事权形态以法律的形式做出原则性的规定。其中，除军事国防、国家安全、外交、货币发行等涉及国家领土和经济主权等事务划归为中央专有事权外，对其他事权宪法可仅做原则性的一般规定，但地方事权不得损害国家整体利益。

二、完善有关法律制度，明确相应事权归属

明确中央和地方事权划分必须以法律为载体，通过出台相关法律法规，对中央与地方政府间纵向权力分配的边界进行清晰的界定，以明确各级政府的职责范围。

以宪法确立的事权划分原则为指导，根据市场经济下的政府职能界定，通过立、改、废等多种形式，具体规定该领域事务的事权划分：中央政府应该主要提供诸如国防、外交、宏观经济稳定等由全体国民享用的公共产品和服务，并在一定程度上参与基础性教育、跨区域的交通设施、环保等具有跨地区“外部效应”的公共项目和工程，并且尽最大努力调节地区间和居民间收入分配差距；将具有地域管理信息优势但对其他区域影响较大的公共产品和服务，作为中央与地方的共同事权，规定由地方具体负责组织实施，由中央和地方共同承担相应的财力支出责任；而地方政府则主要提供地域信息性强、外部性不显著并主要与辖区居民利益直接相关的事务，包括地区性交通、教育、环保、地方性法律的制定和实施等，以激发地方政府的责任与活力，满足不同地区间差异化公共服务的偏好。

三、精简政府行政机构，减少财政级次

建立与完善地方税体系，必须以建立小政府、大社会为前提。在我国目前的五级财政下，所谓的“一级财权、一级税权”到了区县以下可操作性不强。建议撤销乡镇级财政级次，改为派出机构，压缩行政人员，提高政府的运作效率以及财政执行效率。

第四节　建立规范的财政转移支付制度

转移支付作为一项重要的财政制度安排，其终极目标是在全国实现基本公共服务均等化，在促进区域经济均衡和协调发展方面起着至关重要的作用。

然而，由于我国各级政府在职责和事权的划分上还不够明晰和规范，我国现行的转移支付制度存在随意性强、制度化程度不高、透明化程度不足与结构失衡等问题，致使当前我国的财政转移支付制度仍不规范。其根本原因在于我国财政收支划分模式自分税制改革以后就存在的非对称性特征，并由此催生出了转移支付的大量畸形需求，使得转移支付制度难以承载重负。

转移支付是中国的一个很大的特色。2015年我国一般性转移支付预算数为29230.37亿元，专项转移支付预算数为21534.34亿元，两项合计数为5万多亿元，占当年全国一般公共预算支出175768亿元的29%。[1]在我国当前的转移支付体系中，一般性转移支付，尤其是其中的均衡性转移支付，是按因素法测算制定的，总体比较规范。但是专项转移支付大多是按项目法测算制定，弹性和自由裁量权就比较大，导致在转移支付具体执行过程中产生的问题比较多。

我国经济社会的最大特点在于区域发展极不平衡，各地财政能力相差悬殊，不同地区的公民享受的公共服务水平差距不断地扩大。因此，财政转移支付制度作为一项重要的政府行为，首先要体现出公平性，具体而言，就是要对贫困地区在财政转移支付规模上予以倾斜，帮助其提高自身财力水平。在注重公平的同时，还要建立起相应的激励机制。一方面要充分调动地方政府的积极性，鼓励贫困和落后地区提升效率水平，增加财政收入，另一方面又要避免贫困地区产生为获得财政补助的“懒惰”行为而降低税收努力。

合理规范的转移支付制度，需要始终坚持法治原则，要运用立法这一有效手段，保证制度的正常运作，将涉及转移支付内容的支付形式、方式、预决算、数额确定以及监督管理都以法律的形式加以确定，从而真正做到有法可依、有法必依。要处理好政府间的财政关系，在维护地方政府原有利益的同时，实现财政均等化目标，就必须建立合理、有效、规范的财政转移支付制度，从而降低各级政府间财政的不均衡程度，实现公共服务均等化的目标。

---

[1] 据财政部网站数据测算。

要提高我国财政转移支付的绩效，实现均等化和宏观调控的目标，需要增加透明度，在核算测定转移支付资金来源和使用时，运用科学合理的公式，从制度上保证公平性和合理性，要改变过去那些主观和操作模糊的做法，在各个环节始终做到公开、公平、公正。

一、完善法律制度建设和监督机制

要坚决把转移支付纳入制度化、规范化与法治化的轨道当中，建立健全转移支付相关法律法规，降低转移支付过程中存在的人为的随意性与不确定性，推进转移支付资金的额度与去向的透明化、公开化和公平化。

规范的财政体制必须以完善的法律法规作为支撑和约束。我国目前对于财政支出的范围及转移支付还没有明确的法律，因此，必须加强有关转移支付方面的立法，从各级政府事权和财权的划分，到转移支付目标、原则、形式以及转移支付资金分配方法、监管等方面，都应以法律形式予以确定和规范，并辅之以必要的司法和审计监督措施，对转移支付资金的使用进行跟踪和监督，使转移支付制度运作的各个环节都做到有法可依、有法必依，确保资金用在该用的地方，保证转移支付制度运行的实效。同时建立一套转移支付资金使用的绩效评价系统，使用一些科学合理的考核指标对资金使用的效率进行评价和考核，以提高转移支付资金使用效益。

二、优化财政转移支付结构

目前，我国的财政转移支付制度主要包括一般性转移支付和专项转移支付。

进一步优化我国财政转移支付制度，一方面要大力压缩专项转移支付规模，扩大一般性转移支付规模。通过完善转移支付因素法计算公式，逐步缩小地区间财力差距，实现地区间基本公共服务均等化；另一方面，要调整优化专项转移支付结构。通过建立严格的专项转移支付项目准入机制，按照预算级次编报专项转移支付预算，减少专项转移支付项目的随意性和盲目性，完善专项转移支付监督体系。同时，要进一步突出专项转移支付重点，加强对新农村建设、大江大河治理、自主创新能力提高、扶贫开发投入等方面的转移支付力度。

三、加强对转移支付资金的管理

针对现阶段中国财政资金支付存在着多头管理、权责模糊不清的情况，可以考虑通过设立转移支付资金管理和分配的专门机构，交由一个专门的中央转移支付管理机构去行使，把当前分散在各部门的财政资金支付管理职能集中起来，从而提高财政资金支付效率，降低监督的难度。同时，为加强对转移支付资金的监管，中央转移支付收支还应单独编制预算，细化转移支付资金收支的预算和决算的项目，详细列出支付项目，并对社会公开，接受公众的监督，以减少暗箱操作的违规和腐败行为。

此外，在财政转移支付资金的使用上，要增加财政转移支付的透明度。目前，我国转移支付资金的划拨和分配由中央政府各部门掌握着资源分配权或项目审批权的官员确定，不仅容易导致地方“跑部钱进”的现象，而且由于审批官员享有的自由裁量权和随意性较大，运作程序不透明，也加大了监督的难度。

要合理划分中央和地方事权与支出责任，形成以均衡地区间基本财力、由地方政府统筹安排使用的一般性转移支付为主体，并与专项转移支付相结合的转移支付制度。同时，要增加一般性转移支付规模和比例，逐步提高一般性转移支付占比，达到60%以上。在完善一般性转移支付制度的同时，要严格控制专项转移支付项目和资金规模，增强地方财政的统筹能力。

明确逐步削减专项转移支付项目；如确实有需要，必须尽量纳入一般性转移支付的范畴；中央在财政年度开始之初就要把专项转移支付指标下达给相关地方政府，将之纳入预算管理范畴，以尽量避免“跑部钱进”现象的发生。

对于一般性转移支付项目的确定，在逐步厘清中央和地方的事权与支出责任的基础上，明确一般性转移支付的项目和范围，并由此确立转移支付的规模，据此编制中央政府的财政预算，相应地，地方政府在编制预算时要把来自中央政府的一般性转移支付纳入地方财政预算之中。

四、积极探索和建立有中国特色的横向财政转移支付模式

财政转移支付模式主要包括中央政府对地方政府的纵向转移支付和同级地方政府之间的横向转移支付两种形式。前者一般称之为“家长模式”或者“父子模式”，后者一般称之为“兄弟模式”。从国际实践看来，纵向转移支付模式是目前大部分国家采取的主要分配模式，而施行横向转移支付的国家则较少，有代表性的国家是德国。

事实上，目前我国东部富裕地区对西部贫困地区的对口支援工作，就是一种类似于横向财政转移支付的政策实践，因此我国推行横向转移支付的财政模式已经具备一定的实践基础。

国际上横向转移支付的成功实践对我们具有重要的参考意义，但考虑到我国幅员辽阔、地区差异大、民族多、宗教问题复杂的现实，我国的横向转移支付制度必须依据我国的国情进行设计和创新，形成具有中国特色的横向转移支付财政体制。一方面，既要注重公平，但也不能损害效率。在进行横向转移支付时，要考虑资金转出地

的经济能力和发展水平，转移支付资金要适度，不能影响其发展经济的积极性。另一方面，公共服务的均等化是适度的均等化，而不是绝对相同的均等化。横向转移支付的政策目的是促进落后地区公共服务水平的提高，满足其基本生存发展需要，而不是使落后地区的公共服务达到富裕地区的水平，因此，在进行横向转移支付时要考虑这种地方的差异。

五、完善省以下财政转移支付制度

省以下财政转移支付制度是中央对省级政府转移支付制度的延伸，也是财政转移支付体系的有机组成部分。

省、市级财政要采取有效措施，切实帮助解决县、乡财政困难。在明确划分省以下各级政府财政收入和财政支出的基础上，建立规范的财政转移支付制度。与省以下各级政府事权和支出责任划分相适应，优化各级政府转移支付结构。

省级财政要按照本地区有关客观因素和合理的开支标准，科学测算本地区所属下级各政府部门正常运转等方面的基本财政支出需求。对基本财政支出需求缺口部分，要出台弥补各基层政府基本财政支出缺口的具体办法，通过增加一般性转移支付的方式逐步加以解决。

省、市级政府要通过优化财政支出结构、压缩本级支出和专项拨款等方式，积极筹措资金，增加对基层政府的一般性转移支付资金规模，逐步加大对困难县、乡的财政支持力度。

在转移支付资金的分配和使用上，要力求公开、公平、公正和合理，通过科学测算基础上的公式化方式分配财政转移支付资金，尽量减少中间环节，以提高转移支付资金的使用效率。

第五节　构建与地方税体系相适应的征管机制

地方税体系主要由地方税收入体系、税权体系、税收制度体系和税收征管体系四个部分组成。然而，收入、税权、制度的表现形式又主要体现在税收征管上，所以地方税征管体系是地方税体系中一个不可或缺的重要组成部分，是地方税体系存在的根本保障，也是一切税收管理工作的核心。地方税征管体系的正常运转有赖于一个高效、协调的组织系统予以支撑。

一、构建有利于地方税征管的“大征管体系”

大征管体系，是指以纳税遵从、风险管理、公共服务、缺口管理等现代税收管理理念为先导，以依法治税为目标，以信息技术为支撑平台，以专业分工为路径，以集约管理为基本方式，通过完善纳税服务、申报征收、税源监控、检查执法四类相互联系、相互作用的征管业务运行机制，构建起适应社会发展需要的现代税收征管体系。

（一）实行分类分级管理

分类管理是管理学的基础手段，它根据管理对象不同的风险等级采取不同的、差异化的管理措施。只有对税源进行科学分类，才能更好地把握同一类型税源的管理规律，从而实施同一化管理，达到提升管理效能、降低管理成本的目的。在分类管理中，可按规模、行业、属地、税种、涉税事项等类别分类，具体采取何种分类方式，不能“一刀切”，要因地制宜，结合本地产业结构、税源分布、经济发展水平和机构人员实际状况，逐步探索适合本地经济发展实际的分类方式，从而提高税收征收管理的针对性和实效性。一般来说，按照规模和行业特点大体上将纳税人分为重点税源、一般税源和个体税源三类。根据税源的不同特点有不同的管理规律：

一是抓重点税源管理。以大企业为主的重点税源管理是推进税源专业化管理的重要内容和突破口。针对大企业具有跨国界、跨地区经营，行业跨度大，内部结构和财务核算体系复杂等特点，按照属地入库、统一管理的原则，实行精细化管理、个性化服务，以省市局为主建立专家团队，依托信息化优势，掌握大企业经营规律、核算特点和产业链特点，准确判断真实纳税能力，防范税源流失和执法风险；

二是加强一般税源管理。针对一般税源面广量多、规模不大、现金交易多、第三方信息不易获得、税法遵从度参差不齐等特点，实施属地加行业管理、集约化服务。在综合考虑行业聚集度、税源规模、贸易方式、产品品种等多种因素的基础上，根据不同行业企业的经营和核算特点，建立行业纳税评估模型和指标参数体系，深入开展行业纳税评估和纳税辅导；

三是定额管理个体税源。针对个体税源数量众多、纳税规模小、涉税事项少、账务核算不健全等特点，对其可实行网络管理、社会化服务，按照有利税源控管和方便纳税的原则，强化基础信息采集和税收定额管理，推进协税护税和综合治理。

（二）建立分工明晰的岗责体系

分工明晰的岗责体系能够有效提高税收征管的效率。通过整合有限的税收征管资源，将人、财、物等资源更多地配置到重点税源的领域，才能有效地提高税源管理工作的绩效和水平，从而避免平均用力带来的低效管理。

要结合本地实际情况，综合考虑，因地制宜地调整机构职能职责和岗位职责，逐步探索适合本地税源专业化管理的岗责体系。要修改完善《税收管理员办法》，按风险等级和业务事项难易、复杂程度，对税管员户籍管理、宣传辅导、催报催缴、档案管理、发票管理、定额管理、欠税管理、信息采集、调查核实、纳税评估、任务执行等11项职责进行调整分类，在此基础上确定岗位及其职责，实现税管员由管户模式向管事为主、管户为辅模式的转变。

（三）科学合理地设置税收管理机构

建立一个适应社会发展需要、科学高效的税收组织机构是大征管体系的可靠组织保证。目前，我国省级地方税收管理机构已经不适应现代税收管理体制的需要，急需对税收管理机构进行改革和调整。

一是各层级税务部门管理职能的实体化。按照遵从管理的要求，转变省、市、县三级行政管理职能，充实和强化遵从管理职能，逐步实体化；二是机构层级扁平化。根据纳税人分布密集度及其对遵从管理的实际需求，统筹规划、科学调整税收管理机构的布局。根据遵从管理不同层次的要求，加大税源管理力度，推进征管机构扁平化，在征管机构之间形成梯次化的税源管理结构和相应的资源配置结构；三是内设机构流程化。设置内设机构要由职能导向转为流程导向，从有利于体现税收遵从风险管理流程运行出发，建立职责清晰、分工明确的管理格局；四是保持形式的一致性。税收管理机构的基本形式要保持统一，不能形态各异。在保持机构基本形式一致性的前提下，可以根据不同地区的纳税人分布结构及其密度，对相同性质的机构可以在数量上有增有减。❶

二、建立与地方税体系相适应的征收服务机制

维护纳税人合法权益是税务机关践行党的群众路线、全心全意为纳税人服务的行动指南。纳税人权益的保障，既是纳税人的核心诉求，也是税务机关的法定义务；既是纳税服务的重要内容，也是依法行政的权责要求；既是构建和谐征纳关系的有效措施，也是营造良好税收环境的有效途径。因此，树立“在服务中实施管理，在管理中贯穿服务”的理念，提供优质高效的税收服务，是建立服务型政府的必然要求。当前，纳税服务中“运动式”的服务、“救火式”的服务、“静态式”的服务、“主观式”的服务依然存在。为此，建立与地方税体系相适应的税收服务，必须要解决好这些问题。

❶ 陈意琛，刘济勇．我国税收征管现状及“大征管体系”的构建[J]. 地方财政研究，2012（8）.

（一）完善现行税收服务机制

新公共管理理论确立了纳税人与税务机关平等的经济主体关系[1]，并肯定了纳税人在公共产品“供需”关系中的主导地位。这就要求我们牢固树立“顾客意识”，以纳税人需求为导向，以纳税人需要为第一信号，学会换位思考，建立完善纳税服务机制，加强权益保护，完善信用制度，促进纳税人满意度和税法遵从度稳步提高。

1. 增强纳税服务意识

长期以来，税务机关的纳税服务始终停留在比较低层次的微笑服务中，没有树立政策性的税收服务观念，仅是从狭义的概念去理解和从事纳税服务，把税收的强制性变成了征纳关系的另一种体现，纳税服务并没有发挥最大的效应和作用，这在很大程度上限制了纳税服务质量的提升。因此，要使纳税服务取得更大的效应，必须由浅表层工作向深层次推进转变，由制度建立向体系化建设转变。让广大税务干部不断增强税收服务意识，形成整体服务的强大合力，强化征纳双方对等意识。增强对纳税人纳税主体地位的重视，充分认识权利与义务的对称性，牢固树立税收服务意识。

2. 完善纳税服务制度

按照定岗定责、定期考核、严格奖惩的原则，以“小机关、大基层”的税收管理模式，确定基层税务所和征收服务大厅纳税服务岗位及人员配备，细化纳税服务岗位职责，制定服务标准、工作流程以及考核管理办法等内容，逐步形成科学、规范、系统的纳税服务岗责体系。同时，完善纳税服务评价机制，建立纳税人评价、内部评价、第三方评价相结合的三位一体纳税服务考核评价机制，有效掌握纳税人深层次的服务需求和服务满意度，进一步强化监督广大税务干部的纳税服务质量。

3. 建立纳税个性化服务

纳税服务工作始终要以纳税人的需要为导向，采用多种方式收集纳税人的有效需求，建立个性化服务：一是充分利用纳税人学校、短信平台、QQ 群等互动形式，畅通税务机关与纳税人之间的沟通渠道，收集纳税人合理、合法的需求，并及时帮助解决；二是以办税窗口为平台，关注纳税人在办税过程中存在的问题，防止今后发生类似情况；三是广泛开展上门走访，虚心征求纳税服务方面的意见和建议，充分尊重纳税人的权益。在纳税服务过程中按照因人、因时、因事等个性化需求提供主动的全方位、多角度服务，追求让纳税人满意的真切效果。

（二）构建服务与管理协同机制

纳税服务是加强税收征管的一项基础性工作，其贯穿于税收征管各环节，体现在

---

[1] 黄强．把握四个关系 优化纳税服务[J]．地税参阅，2013（40）．

税收征管的全过程，对税收征管具有先导性作用。纳税服务与税收征管同为税务机关的核心业务，两者是相辅相成、相互促进、高度统一的，强化税收征管，依法履行税收管理职责，必须提升纳税服务水平。因此，构建以“优化服务提升管理效能，创新管理完善服务体系”为重点的服务与管理协同机制，有利于提升税源管理质效，提高依法纳税遵从度，建立和谐征纳关系和公平的税收环境。

1. 推动纳税服务与日常税收管理的紧密结合

基层征收单位在日常工作中能够及时准确地掌握纳税人生产经营性质所涉及的税收政策、涉税事项、税收优惠等第一手最详细最真实的信息，从而在最适当的时间节点提供有针对性的纳税服务，使纳税人在各个办税环节能够享受到最贴心的纳税服务。实现各项纳税服务工作与日常税收管理的紧密结合，贯穿于基层一线税收管理的各个环节。

2. 推动纳税服务与日常税收管理的相互促进

在基层征收单位中要形成“纳税人涉税事项告知—及时了解纳税人涉税困难与需求—提供纳税服务解决涉税中的困难—帮助纳税人顺利完成涉税事项”的工作链，及时解决或帮助协调纳税人履行纳税义务过程中的相关问题，确保纳税人顺利快速地办结涉税事项，同时实现地税部门各项税收管理工作的顺利完成。

3. 推动纳税服务与日常税收管理的良性互动

纳税服务是一项综合性、系统性的工作，一方面需要各部门之间的协调配合，在组织税法宣传、纳税人培训、政策解答、处理维权等服务工作中，要加强服务与征管的互动性，进一步深化各部门交流协作，提供各项纳税服务的有力保障；另一方面纳税服务部门将服务过程中遇到的问题，收集到的纳税人的需求、愿望以及意见和建议等及时反馈、转达给相关部门，为相关部门做出税收管理决策、改进征管流程提供科学依据，同时也为办税窗口的畅通运行扫清障碍。

（三）优化办税服务模式

要加强纳税服务标准化、专业化、信息化和集约化建设，切实体现纳税服务作为税收核心业务的地位和作用。

1. 以办税窗口为阵地推进纳税服务便捷化

为进一步推进纳税服务便捷化，办税窗口要不断创新服务形式，各级税务机关在今后工作中要从四个方面解决问题：一是简化办税流程；二是减少办税资料；三是完善“免填单”服务；四是提高窗口人员服务水平。

2. 以信息应用为依托推进纳税服务现代化

以信息化为依托，通过运用12366短信平台、QQ群、24小时自助办税服务系统等现代化手段，提高服务效率。但随着信息技术的不断发展，必须进一步扩大信息技术在纳税服务工作中的应用范围。

3. 以税收监督为手段推进纳税权益保障常态化

纳税人权益保障常态化，就是不管纳税人有无诉求都必须保障其权益不受影响，做到事前、事中、事后纳税人都有知情权、参与权和监督权。

4. 以提升效率为前提推进纳税服务透明化

在现行征管制度下，各环节对权力制约的成分强调较多，内设机构的职能重叠问题未根本解决，内部衔接协调机制尚未健全，直接影响了纳税服务工作效率。为此，要推行“阳光工程”，实行公开办税，让税权在阳光下运行，实现纳税服务透明化。

结　语

1994年以来的分税制财税体制改革，使我国自新中国建立以来第一次有了明确的地方税体系，从体制上规范了中央和地方间的财政与税收分配关系。但我国的地方税体系依然存在很大缺陷和不足，如地方税收入规模过小，税权、财权与事权不匹配；中央与地方税制的划分不够彻底，共享税过多而地方独享税过少，缺乏明确的主体税种；税权过于集中等。尤其在增值税扩围的大背景下，传统的以营业税为主要收入来源的地方税体系面临很大的挑战。本书根据党的十八大和十八届三中全会有关财税改革精神，在深入调研和严密论证的基础上，立足于我国国情，并借鉴国际经验，提出了构建我国新型地方税体系的思路与见解。

本书认为，在后“营改增”时期，要根据中国国情、税情，以保持中央和地方税收分配格局总体稳定为前提，以优化税制结构为基础，坚持分级（省、市县两级）彻底分税、非流动性税源配置地方、税费配套联动改革的原则，构建能够稳定地保障地方各级政府基本公共支出需要、有利于加强地方税源控管、维护市场统一、促进社会公平、合理引导地方政府行为的具有中国特色的地方税体系。

构建地方税体系，难点在于合理配置税权，核心在于培育主体税种。在权限配置上，建议应保持中央相对集中、给予地方适当分权，做到地方财力与支出责任相匹配。在主体税种选择上，针对全面“营改增”的大趋势，提出近期以零售税为主体税种、中远期加之以房地产税为主体税种的改革方案。同时，针对主体税种和辅助税种提出了具体的创新改革方案，如改城市维护建设税为城乡建设发展税、简化完善土地增值税、资源税实行从价计征改革、车船税实施量价复合计税改革、将印花税并入契税、开征环境保护税等，并按照上述对地方税主体税种的重构设计，运用科学方法对新型地方税的经济效应和对地方财力的影响进行了模拟测算，印证了这一思路的可操作性。

地方税体系的构建与完善是一个庞大的系统工程，研究构建符合我国国情、适应地方政府合理需求、兼顾调动中央与地方两个积极性的地方税体系，最终形成权责明晰、结构优化、社会公平的税收制度，任务还十分艰巨。吾生也有涯，而学也无涯，探索与研究是一个不断的过程，尽管已尽己所能，但由于笔者能力所限，许多方面尚未能深入研究，不足之处在所难免，恳请各位财税专家、学者予以斧正。

参考文献

[1] 阿图·埃克斯坦．公共财政学 [M]. 北京：中国财政经济出版社，1983.
[2] 安体富，王海勇．税权划分的国际比较与改革思路 [J]. 经济研究参考，2006（58）.
[3] 奥茨．财政联邦主义 [M]. 北京：中国社会科学出版社，1972.
[4] 白彦峰．单一制国家赋予地方税收立法权的可行性分析——基于我国国情的探讨 [J]. 行政论坛，2008（05）.
[5] 蔡文燕．我国地方政府财政预算管理的现状及改进措施研究 [D]. 上海：上海交通大学，2008.
[6] 财政部《税收制度国际比较》课题组编著．美国税制 [M]. 北京：中国财政经济出版社，2000.
[7] 曹明星，石坚．高房价视角下的房地产税制改革 [J]. 税务研究，2010（04）.
[8] 曹艳杰．地方税体系建设改革思路 [J]. 发展研究，2007（01）.
[9] 查尔斯·H.温茨巴奇等著．现代不动产[M]. 任淮秀等，译．北京：中国人民大学出版社，2001.
[10] 曾康华．当代西方税收理论与税制改革研究 [M]. 北京：中国税务出版社，2011.
[11] 陈必福．完善我国地方税体系研究 [J]. 发展研究，2009（12）.
[12] 戴海先．对建立与完善地方税制体系的探讨 [J]. 财政研究，1989（04）.
[13] 戴诗友．重构我国财产课税制度的设想 [J]. 中央财经大学学报，2000（01）.
[14] 邓子基．建立和健全我国地方税系研究 [J]. 福建论坛（人文社会科学版），2007（01）.
[15] 邓子基等．地方税系研究 [M]. 北京：经济科学出版社，2007.
[16] 邓子基．如何在新一轮税制改革中逐步完善地方税制 [J]. 福建论坛（人文社会科学版），2005（3）.
[17] 蒂布特．地方支出的纯理论 [J]. 政治经济学杂志，1956（64）.
[18] 丁静．对《税收征管法》条规缺陷的探讨 [J]. 经济前沿，2007（09）.

[19] 董上海，汪柱旺．中国地方税制改革：国际经验比较与目标模式选择 [J]. 改革与战略，2008（24）.
[20] 杜红敏．适度分权和地方税制的构建 [D]. 上海：复旦大学，2007.
[21] 樊勇．现行《税收征管法》中需要解决的几个问题 [J]. 税务研究，2008（10）.
[22] 费雪．州和地方财政学 [M]. 北京：中国人民大学出版社，2000.
[23] 冯曦明，孙德才．论改革和完善地方税制体系 [J]. 财政研究，2005（10）.
[24] 傅红伟．对税收立法权划分制度规定的理解与评价 [J]. 税务研究，2004（12）.
[25] 扶新明．我国地方税制存在的问题及对策研究 [D]. 湘潭：湘潭大学，2013.
[26] 高培勇．世界主要国家财税体制：比较与借鉴 [M]. 北京：中国财政经济出版社，2010.
[27] 高培勇等．中国财政经济理论前言（4）[M]. 北京：社会科学文献出版社，2005.
[28] 高亚军．中国地方税研究 [M]. 中国社会科学出版社，2012.
[29] 关礼．地方税制体系建设的措施 [J]. 经济研究参考，2014（42）.
[30] 管永昊．基本公共服务均等化视角的地方税体系研究 [J]. 地方财政研究，2009（02）.
[31] 广西财政厅法规税政处课题组，曾纪芬．完善我国地方税制体系的若干思考 [J]. 经济研究参考，2011（23）.
[32] 郭鲲翼．关于地方税制体系改革问题的研究 [D]. 沈阳：东北大学，2004.
[33] 郭庆旺，吕冰洋．地方税系建设论纲：兼论零售税的开征 [J]. 税务研究，2013（11）.
[34] 国家税务总局税收科学研究所．西方税收理论 [M]. 北京：中国财政经济出版社，1997.
[35] 哈维・S・罗森，特德・盖亚．财政学 [M]. 北京：中国人民大学出版社，2009.
[36] 韩丽华．探讨最优税制结构选择完善地方税体系建设 [J]. 税务研究，2000（12）.
[37] 杭州市萧山区地方税务局课题组，金伟．优化地方税制结构的设想 [J]. 涉外税务，2007（10）.
[38] 郝硕博，李上炸．对地方税体系的探讨 [J]. 税务研究，2009（6）.
[39] 何庆光．财政分权、转移支付与地方税收入——基于 1985—2006 年省级面板数据分析 [J]. 统计研究，2009（03）.
[40] 何盛明．财经大词典 [M]. 北京：中国财政经济出版社，1990.
[41] 胡洪曙．构建以财产税为主体的地方税体系研究 [J]. 当代财经，2011（02）.
[42] 胡书东．经济发展中的中央与地方关系——中国财政制度变迁研究 [M]. 上海：上海人民出版社，2001.
[43] 胡怡建，张伦伦．我国地区间的财力差异——基于地方税体系与转移支付体系的比

较分析 [J]. 山西财经大学学报 , 2007（7）.
[44] 胡怡建 , 李天祥 . 增值税扩围改革的财政收入影响分析——基于投入产出表的模拟估算 [J]. 财政研究 , 2011（9）.
[45] 胡怡建 , 田志伟 . “营改增”财政经济效应研究 [M]. 中国税务出版社 , 2014.
[46] 湖北省地方税务局课题组 . 改革和完善我国地方税体系的国际借鉴研究 [J]. 理论月刊 , 2004（5）.
[47] 湖北省地方税务局课题组 . 建立与分级财政体制相适应的地方税收体系构想 [J]. 理论月刊 , 2005（2）.
[48] 胡斯 . 完善中国地方税体系研究 ——基于地方政府层级的视角 [D]. 蚌埠 : 安徽财经大学 , 2015.
[49] 华莱士・E. 奥茨 . 财政联邦主义 [M]. 陆符嘉 , 译 . 南京 : 译林出版社 , 2012（01）.
[50] 华伟 , 巩腾 .《发展视角下我国房地产税改革思路与政策建议》. 经济体制改革 , 2015（02）.
[51] 黄静 , 柯青青 . 刍议我国地方税主体税种的选择——基于地方税收入增长与经济增长关系的分析 [J]. 国际税收 , 2012（01）.
[52] 黄映青 . 清费立税 , 规范政府收入分配机制 [D]. 厦门 : 厦门大学 , 2001.
[53] 霍布斯 . 利维坦 [M]. 刘胜军 , 胡婷婷 , 译 . 北京 : 中国社会科学出版社 , 2007.
[54] 贾敬全 . 完善地方税体系构建的理论思考 [J]. 北方经贸 , 2006（1）.
[55] 贾康 . 地方财政问题研究 [M]. 北京 : 经济科学出版社 , 2004.
[56] 贾康 , 程瑜 . 当前税制主要问题与新一轮税制改革 [J]. 金融市场研究 , 2015（1）.
[57] 姜树森 . 我国地方税制问题研究 [D]. 长春 : 吉林大学 , 2005.
[58] 蒋震 . 消费税需要“扩围”至服务业领域 [J]. 税务研究 , 2013（7）.
[59] 经庭如 , 许文 . 优化我国地方税体系的战略性思考 [J]. 税务研究 , 2002（5）.
[60] 寇铁军 . 财政学 [M]. 大连 : 东北财经大学出版社 , 2001.
[61] 李堃 . 中国地方税体系改革研究 [D]. 长春 : 吉林大学 , 2015.
[62] 李冬梅 . 完善地方税制是化解地方财政困境的当务之急 [J]. 税务研究 , 2007（10）.
[63] 李汉文 , 莫尔学 . 税收征管新思路 : 第三方信息利用 [J]. 涉外税务 , 2010（9）.
[64] 李剑波 . 中国地方税体系若干问题研究 [D]. 武汉 : 武汉大学 , 2004.
[65] 李俊英 . 地方税制改革中主体税种的选择 [J]. 税务研究 , 2011（11）.
[66] 李太东 . 浅谈“营改增”后地方税主体税种的选择 [J]. 国际税收 , 2014（7）.
[67] 李万甫 , 韩庆玲 . 地方税制改革发展问题研究 [J]. 税务研究 , 2006（11）.
[68] 李文 . 税收行政协助的中外比较 [J]. 涉外税务 , 2004（3）.

[69] 李玉红，白岩峰．地方税种改革格局中的主体税种选择问题研究 [J]. 中央财经大学学报，2010（6）.
[70] 理查德·A. 马斯格雷夫，佩吉·B. 马斯格雷夫．财政理论与实践 [M]. 北京：中国财政经济出版社，2003.
[71] 梁源珍．"分税制"下中国地方税制的优化研究 [D]. 上海：上海财经大学，2008.
[72] 刘军，郭庆旺．世界性税制改革理论与实践研究 [M]. 北京：中国人民大学出版社，2001.
[73] 刘溶沧．税制改革的国际比较研究 [M]. 北京：中国财政经济出版社，2002.
[74] 刘相东，王晖．国地税联合协作办税的实践与思考 [J]. 山东社会科学，2011（12）.
[75] 刘晓红．中国地方税体系研究 [D]. 太原：山西大学，2008.
[76] 刘艺．中日地方税制比较研究 [D]. 天津：天津财经大学，2007.
[77] 刘佐，朱广俊，龚辉文．论"地方税体系"[J]. 税务研究，1997（10）.
[78] 刘佐．新中国税制 60 年 [M]. 北京：中国财政经济出版社，2009.
[79] 刘佐．中国地方税制概览 [M]. 北京：中国税务出版社，2012.
[80] 刘佐．税制改革顶层设计三个主要问题初探 [J]. 税务研究，2013（6）.
[81] 罗涛．构建我国地方税制体系的路径 [J]. 税务研究，2013（11）.
[82] 罗涛等．改革和完善我国地方税体系的国际借鉴研究 [J]. 理论月刊，2004（5）.
[83] 吕冰洋．税收分权研究 [M]. 北京：中国人民大学出版社，2011.
[84] 吕冰洋．政府间税收分权的配置选择和财政影响 [J]. 经济研究，2009（6）.
[85] 吕冰洋．零售税的开征与分税制的改革 [J]. 财贸经济，2013（10）.
[86] 马静．财政分权与中国财政体制改革 [D]. 北京：中央财经大学，2007.
[87] 马骏，牛美丽．重构中国公共预算体制：权力与关系——基于地方预算的调研 [J]. 中国发展观察，2007（2）.
[88] 马莉．关于我国地方税制体系问题研究 [J]. 社会科学论坛，2003（4）.
[89] 倪红日．我国地方税制度的改革与完善 [J]. 涉外税务，2012（1）.
[90] 倪红日．房地产税制改革的进程与建议 [J]. 中国税务，2012（6）.
[91] 潘明星，付若勤．公共财政体制下地方税体系探析 [J]. 理论学刊，2005（9）.
[92] 平新乔，白洁．中国财政分权与地方公共品的供给 [J]. 财贸经济，2006（2）.
[93] 平新乔．财政原理与比较财政制度 [M]. 上海：上海三联书店出版社，1992.
[94] 齐志宏．多级政府间事权划分与财政支出职能结构的国际比较分析 [J]. 中央财经大学学报，2001（11）.
[95] 任珠峰．中国财政分权改革研究 [D]. 北京：中央财经大学，2007.

[96] 施正文 . 税收程序法论 [M]. 北京 : 北京大学出版社 , 2003.
[97] 市罗涛等 . 建立与分级财政体制相适应的地方税收体系构想 [J]. 理论月刊, 2005(2).
[98] 宋兴义 . 地方税 : 国际经验、中国现状和改革展望 [J]. 地方财政研究 , 2009（ 9 ）.
[99] 宋兴义 . 中国地方税改革的国际借鉴与思路分析 [J]. 扬州大学税务学院学报, 2009(3).
[100] 唐伟明 . 构建房地产税为地方税主体税种的探讨 [D]. 上海 : 上海财经大学 , 2006.
[101] 田红宇 , 严宏 , 祝志勇 . 财政分权与地方政府规模的空间计量分析 [J]. 现代财经（天津财经大学学报）, 2015（ 07 ）.
[102] 童适平 . 战后日本财政和财政政策研究 [M]. 上海 : 上海财经大学出版社 , 2002.
[103] Wallace E. Oates 编著 . 财产税与地方政府财政 [M]. 中国税务出版社 , 2005.
[104] 王诚尧 . 适当下放地方税立法权完善税收立法体制 [J]. 涉外税务 , 2007（ 7 ）.
[105] 王叩梅 . 规范财政转移支付制度的构想 [J]. 兰州大学学报 , 1998（ 1 ）.
[106] 王维国 . 中国地方税研究 [M]. 中国财政经济出版社 , 2002.
[107] 王玮 . 地方财政学 [M]. 武汉 : 武汉大学出版社 , 2006.
[108] 王蕴 , 田建利 . 构建以财产税为主体税种的地方税体系 [J]. 税收经济研究 , 2012(5).
[109] 威廉 · 配第 . 赋税论 . 北京 : 华夏出版社 , 2006.
[110] 吴海军 . 我国地方税制建设研究 [D]. 成都 : 西南财经大学 , 2004.
[111] 吴群 , 李永乐 . 财政分权、地方政府竞争与土地财政 [J]. 财贸经济 , 2010（ 7 ）.
[112] 吴旭东 . 省级以下国税、地税管理机构改革的思考 [J]. 地方财政研究 , 2005（ 2 ）.
[113] 吴东镐 . 我国中央与地方关系的法治化议题 [J]. 当代法学 , 2015（ 4 ）.
[114] 西德里克·桑德福 . 成功税制改革的经验与问题(第 1 卷: 成功的税制改革)[M]. 北京 : 中国人民大学出版社 , 2001.
[115] 西德里克 · 桑德福 . 成功税制改革的经验与问题（第 2 卷 : 税制改革的关键问题）[M]. 北京 : 中国人民大学出版社 , 2001.
[116] 谢贞发 . 税收立法权的划分 [J]. 税务研究 , 2006（ 4 ）.
[117] 辛浩 . 我国地方税种收入能力测算方法及应用研究 [D]. 武汉 : 华中科技大学 , 2009.
[118] 徐会希 , 李志勇 , 徐正云 . 借鉴国际经验 , 改革我国地方税制中的流转税体系 [J]. 税务研究 , 2002（ 5 ）.
[119] 许国云等 . 重构我国地方税主体税种的设想 [J]. 税务研究 , 2006（ 3 ）.
[120] 许建国 , 薛刚 . 税收学 [M]. 北京 : 经济科学出版社 , 2004.
[121] 许建国 . 经济发展中的税收理论 [M]. 北京 : 中国财政经济出版社 , 1999.
[122] 许建国 . 中国税制 [M]. 北京 : 中国财政经济出版社 , 2010.
[123] 许建国 . 重构我国地方税体系的几个理论问题 [J]. 中南财经大学学报 , 1993（ 6 ）.

[124] 许善达等 . 中国税权研究 [M]. 北京 : 中国税务出版社 , 2003.

[125] 杨斌 . 关于我国地方税体系存在依据的论辩 [J]. 税务研究 , 2006（5）.

[126] 杨灿明 , 赵福军 . 财政分权理论及其发展述评 [J]. 中南财经政法大学学报 , 2004(4).

[127] 杨灿明 . 政府间财政转移支付制度研究文集 [M]. 北京 : 经济科学出版社 , 2000.

[128] 杨超文 . 完善我国地方税体系的思考 [J]. 税务研究 , 2010（4）.

[129] 杨卫华 . 适应分税制要求 完善地方税体系 [J]. 中山大学学报（社会科学版）, 1998（02）.

[130] 杨文利 . 中国税权划分问题研究 [M]. 北京 : 中国税务出版社 , 2001.

[131] 杨志安 , 郭矜 . 完善地方税体系培育地方性主体税种 [J]. 税务研究 , 2014（4）.

[132] 叶少群 . 论地方税主体税种 [J]. 闽江学院学报 , 2005（1）.

[133] 叶振鹏 , 张馨 . 公共财政论 [M]. 北京 : 经济科学出版社 , 1999.

[134] 易运和 . 最新税务百科辞典 [M]. 北京 : 中国财政经济出版社 , 2004.

[135] 尹音频 , 张莹 . 消费税能够担当地方税主体税种吗 ?[J]. 税务研究 , 2014（5）.

[136] 余丽生 . 培养主体税种是地方税体系建设的关键 [J]. 经济研究参考 , 2013（42）.

[137] 詹姆斯 · M · 布坎南 . 公共财政 [M]. 北京 : 中国财政经济出版社 , 1991.

[138] 张恒龙 , 陈宪 . 当代西方财政分权理论述要 [J]. 国外社会科学 , 2007（5）.

[139] 张克 . 从物业税设想到房产税试点——转型期中国不动产税收政策变迁研究 [J]. 公共管理学报 , 2014（3）.

[140] 张松 . 修订《税收征管法》的若干法律问题 [J]. 税务研究 , 2009（3）.

[141] 章炜主编 . 税务词典 [M]. 北京 : 中国财政经济出版社 , 1989.

[142] 赵灵萍 . 地方税主体税种探讨 [J]. 北京 : 税务研究 , 2012（3）.

[143] 赵云旗 . 分税制下税收征管体制改革探讨 [J]. 财经论丛（浙江财经学院学报）, 2005（5）.

[144] 赵云旗 . 中国分税制财政体制研究 [M]. 北京 : 经济科学出版社 , 2005.

[145] 郑义 . 财产税作为地方税主体税种的研究——兼论我国省县两级地方政府财产税税权的分配 [D]. 厦门 : 厦门大学 , 2009.

[146] 周国川 . 构建和完善公共财政框架下的地方税体系 [J]. 经济研究参考 , 2004（55）.

[147] 周业安 , 章泉 . 财政分权、经济增长和波动 [J]. 管理世界 , 2008（3）.

[148] Duc Hong Vo, THE ECONOMICS OF FISCAL DECENTRALIZATION [J]. Journal of Economic Surveys,2010, Vol. 24, No. 4: 657-679.

[149] Emilio Albi et al, The Elgar Guide to Tax System [M]. Cheltenham（UK）: Edward Elgar Publishing Limted,2011.

[150] Fischel,W. A., Property Taxation and the Tiebout Model: Evidence for the Benefit View from Zoning and Voting [J]. Journal of Economic Literature . 1992.

[151] J. F. Due., Study of State and Local Tax Influence on Location of Industry [J]. National Tax Journal,1961: 163–173.

[152] Paolo Liberati, Agnese Sacchi, Tax decentralization and local government size [J]. Public Choice, 2013,157: 183–205.

[153] Paul Samuelson, The Pure Theory of Public Expenditure [J]. Review of Economics and Statistics,1954（36）: 387–398.

[154] Richard A. Musgrave, Who Should Tax, Where and What? Tax Assignment in Federal Countries, edited by Charles E. McLure [M]. Jr. Canberra: Australian National University Press, 1983: 201–219.

[155] Richard M. Musgrave, The Theory of Public Finance [M]. New York: McGraw Hill,1959.

[156] Schenk A., Thuronyi V., Cui W. .Value Added Tax [M]. Cambridge University Press, 2015.

[157] Tiebout,C. M.,A pure theory of local expenditures. Journal of Political Economy,1956,64（5）: 416–424.

[158] Tsui K. Local tax system, intergovernmental transfers and China’s local fiscal disparities [J]. Journal of Comparative Economics, 2005, 33（1）: 173–196.

[159] Weingast, B. R., Second generation fiscal federalism: the implication of fiscal incentives [J]. Journal of Urban Economics, 2009,65（3）: 279–293.

[160] Willem Vermeend et al, Taxes and the Economy [M]. Cheltenham（UK）: Edward Elgar Publishing Limited, 2008.

[161] 肖厚雄 . 依法治税 [M]. 北京 : 中国税务出版社 .2014.

[162] 刘济勇 . 地方税体系研究 [M]. 武汉 : 武汉理工大学出版社 .2015.

[163] 刘济勇 . 金融服务业“营改增”方案构想——基于国际金融服务业增值税课征方法的借鉴 [J]. 地方财政研究 , 2015（04）: 7–12.

[164] 刘济勇 , 张楠 . 财政视角下洋务运动与明治维新的比较研究 [J]. 西部论坛 , 2013, 23（02）: 95–101.

[165] 刘济勇 , 隗易 . 加强地方财政预算监督的几点思考 [J]. 财政监督 , 2013（36）: 37–40.

[166] 陈意琛 , 刘济勇 . 我国税收征管现状及“大征管体系”的构建 [J]. 地方财政研究 , 2012（08）: 45–49.

索 引

博士论文评审意见

1. 自 2012 年起进行的“营改增”试点将于 2016 年 5 月 1 日在全国范围内全面实施，这意味着以营业税为地方主体税种的税制结构将受到明显冲击，地方政府的税收收入将大幅下降。对于“如何在‘营改增’之后构建稳定的地方税体系”这个问题的研究紧迫而重大，具有很强的现实意义。作者从对地方税体系的理论分析出发，梳理了我国地方税体系的发展过程，并从税种构成、收入规模与结构等方面分析了地方税体系的现状，总结其中存在的问题。通过对地方税体系国际经验的分析，提出几种我国构建地方税体系的思路，并对其影响进行数值测算。在此基础上归纳出完善我国地方税体系的配套措施。文章综合使用文献研究、实证分析、定性与定量分析等方法，使用资料详实，结论较为可靠。利用投入产出法、可计算的一般均衡模型、数值模拟等方法，结合大量的数据分析“营改增”的影响，并对设计的税制改革方案的可能影响进行测算是文章的一大特点。

论文结构完整，表述清晰，引用文献符合学术规范，文笔较流畅，对数据的分析细致、充分，可以看出作者在财政税收专业有着较为扎实的基础。文章基本达到博士论文水平，但在文献梳理、概念准确性、书写规范性等方面还需进行补充和修改。

2. 该文研究“营改增”对中国地方税体系构建的影响。涉及整个税制结构尤其是地方税体系重构的重大问题，选题具有较好的现实意义和较强的理论价值。

文章对地方税体系理论进行了梳理，对我国地方税体系进行了现状分析，在此基础上提出了构建和优化我国地方税体系的总体目标和实施路径。以此为基础对新型地方税体系与地方财力影响效应进行了实证分析，提出了相关措施和政策建议。

该文主要创新点有：

（1）使用投入产出法对“营改增”税制改革带来的的影响与冲击进行了测算分析。表明增值税扩围改革会对我国地方财力带来一定的损害，而且也会改变营业税在地方财政收入中占主体地位的局面，从而极大影响地方财政利益。从而构建和完善地方税体系以降低“营改增”的冲击和影响，是必然的路径选择。

（2）围绕“营改增”背景下我国地方税体系面临的问题与挑战，我国地方税主体税种构建这一问题，从系统和全局的视角探讨和评估了以零售税、新型消费税、房地产税为主体税种，资源税、环境保护税、城市维护建设税等为辅助税种的新型地方税体系的可行性。

（3）运用 CGE 模型对零售税开征的政策效应进行了模拟研究，并评估了对地方财力的影响。结果显示，税制改革能够有效拉动经济增长，促进产业结构优化和调整，零售税的开征和合理设定能够确保地方政府有足够、可预期的收入，满足地方政府财政支出要求，担当起地方税主体税种的重任。

（4）运用模拟评税方法对我国房地产税开征的政策效应进行了模拟测算与研究。测算结果显示，新型房地产税的开征可以实现在保持原有税负水平基本不变基础上，从交易流转环节课税为主向保有环节课税为主的政策目标，同时，在税收收入上保证了房地产税作为地方主体税种的地位，并发挥对经济的重要调控作用。

该文掌握材料翔实丰富，论证严密，逻辑性强，观点和结论均有创新。表明作者有较深厚的基础理论功底和较好的独立研究能力。文章编排合理，层次清楚，符合博士学位论文规范。是一篇合格的博士学位论文。

3.“营改增”是当前我国税制的一项重大改革举措，如何合理应对和处理“营改增”对地方税体系与地方财政收入的冲击，是一个需要我们立即着手处理的紧迫课题，选题的理论与现实意义。通篇考察整个文章，反映了作者具有较扎实的学科知识基础，思路较为开阔，具有一定的学术水平。文章在对“营改增”收入影响进行测算的基础上，运用恰当的方法，对所给出的地方税体系方案进行了具体详细的评估，创新性较为明显。文章体系完整，逻辑合理，写作规范。

致　谢

本书根据我的博士论文修改而成。

能够顺利完成攻读博士学位的学习，是我人生一个重要的里程碑。学无止境，越是深入研究和学习，越是发觉自己知识的欠缺和不足，唯有始终保持一颗谦虚的心，才能不断提高自己。本书是集体智慧的结晶，论文的写作得到了各位老师、同学和朋友的大力支持，没有他们的热忱帮助，本书的写作就不可能顺利完成。

感谢我的母校中南财经政法大学，在这里我完成了硕士和博士研究生阶段的学习，结识了许多良师益友，极大地提升与拓展了我的知识和眼界，使我深受裨益，为我的人生之路打下了坚实的基础。

感谢我的导师许建国教授，几年的博士攻读期间，许老师不仅教会了我如何学习和做研究，而且还教会我很多做人的道理。本书从选题、构思到最终定稿，许老师都倾注了大量的心血，从遣词造句到标点、格式，事无巨细，投入了大量精力为我斧正和指导，表现出了作为导师的高度责任感和作为学者的严谨治学态度，使我深受教益！

感谢杨灿明教授，作为中南财经政法大学的校长、财政税务学院的导师组组长，他在繁忙的日常工作之余还专门挤出时间多次为我指导论文，每次的指导都让我深受启发，受益匪浅！

感谢庞凤喜教授，庞老师作为知名税务专家和财政税务学院导师组副组长，她对税制的独到理解和对学术的精益求精的追求，为本书的写作提供了极有价值的帮助。庞老师对学术研究的严格要求和严谨治学的精神，让我十分感动和钦佩！

感谢在本书写作过程中为我提供帮助和建议的财税学院的其他老师们，他们是吴俊培教授、叶青教授、陈志勇教授、侯石安教授、刘京焕教授、甘行琼教授、孙群力教授、李祥云教授、梅建明教授、郭月梅教授以及庄佳强老师、鲁元平老师等。他们为本文的完善提供了许多宝贵的意见和中肯的建议，感谢他们为我在求学期间的传道、受业、解惑。

感谢湖北经济学院的王成博士和武汉大学的赵常恒博士，他们在本文的数据处理和模型设计等方面提供了建设性的意见和帮助。

感谢财政学11级的各位同学们，他们是徐艺、曹润林、杨芷晴、潘孝珍、杨丞娟、张超、李俊杰、刘衡、陈林、林瑾、万莎、张延辉、胡汉宁。在我求学期间，他们带给我许多的欢乐，使我的博士生涯成为人生旅途中一段最美好的回忆。

感谢我的父母，是他们的无私帮助和鼓励使我顺利完成了本书的写作。在我最困难的时候，是他们鼓励我笑对人生，为了心中的理想而努力奋斗！

刘济勇

2016年5月于南湖